Adolf Rosenberg

Antoine Watteau von Adolf Rosenberg

Mit 92 Abbildungen von Gemälden und Zeichnungen

Adolf Rosenberg

Antoine Watteau von Adolf Rosenberg
Mit 92 Abbildungen von Gemälden und Zeichnungen

ISBN/EAN: 9783743307285

Hergestellt in Europa, USA, Kanada, Australien, Japan

Cover: Foto ©Thomas Meinert / pixelio.de

Manufactured and distributed by brebook publishing software (www.brebook.com)

Adolf Rosenberg

Antoine Watteau von Adolf Rosenberg

Antoine Watteau

Von

Adolf Rosenberg

Mit 92 Abbildungen von Gemälden und Zeichnungen

Bielefeld und Leipzig
Verlag von Velhagen & Klasing
1896

Von diesem Werke ist für Liebhaber und Freunde besonders luxuriös ausgestatteter Bücher außer der vorliegenden Ausgabe

eine numerierte Ausgabe

veranstaltet, von der nur 100 Exemplare auf Extra-Kunstdruckpapier gedruckt sind. Jedes Exemplar ist in der Presse sorgfältig numeriert (von 1—100) und in einen reichen Ganzlederband gebunden. Der Preis eines solchen Exemplars beträgt 20 M. Ein Nachdruck dieser Ausgabe, auf welche jede Buchhandlung Bestellungen annimmt, wird nicht veranstaltet.

Die Verlagshandlung.

Die tanzende Iris.
Hauptfigur aus dem Bilde „Der Tanz" im Besitz des ? ...

Antoine Watteau.

Der Großmeister und Begründer des Rokokostils, den die Franzosen mit Emphase „den französischsten aller Franzosen" zu nennen lieben, ist der französischen Rasse nicht entsprossen. Er ist ein Flamänder von Geburt, ein niederländischer Wallone; denn seine Vaterstadt Valenciennes war zur Zeit, als er dort geboren wurde, noch durch und durch vlämisch, wenn sie auch bereits 1678 infolge der Raubzüge Ludwigs XIV. durch den Frieden von Nimwegen unter die Herrschaft Frankreichs gezwungen worden war. Am 10. Oktober 1684 wurde Jean Antoine Wattean in der St. Jakobskirche getauft, nach damaliger Sitte vermutlich an demselben Tage, an welchem er das Licht der Welt erblickt hatte. Langer Vorbereitungen zu einem Taufschmause, wie in unseren Tagen einer ängstlich verfeinerten Kultur, bedurfte es in einem Lande mit vlämischen Lebensgewohnheiten nicht, und die Eltern des jungen Jean Antoine hatten es dazu. Jean Philipp Wattean war ein Dachdecker- und Zimmermeister, der in guten Verhältnissen lebte. Die Mutter Jean Antoines hieß Michelle Lardenois. Der Name, unter dem der Maler der „galanten Feste" weltberühmt geworden ist, hat mannigfaltige Wandlungen durchgemacht, ehe er zu der jetzt geläufigen Form gelangt ist. Der Urahn hieß „Blancpain", d. h. „Weißbrot", und aus dem Weißbrot wurde ein „Gâteau", d. h. ein „Kuchen", der in wallonischer Mundart „Watiau" ausgesprochen wurde. Der große Künstler selbst schrieb seinen Namen bald mit einem, bald mit zwei t, und seine Pariser Freunde nahmen es mit der Schreibart noch weniger genau. Da aber der Eigensinn oder, wenn wir einen höflicheren Ausdruck gebrauchen wollen, die Zähigkeit der französisch gewordenen Wallonen auch trotz des Pariser Firnisses von ihren alten Überlieferungen nicht lassen will, hat das Standbild, welches die Stadt Valenciennes ihrem größten Sohne auf dem schönen Platze vor dem Rathause hat errichten lassen, die Inschrift Watean erhalten.

Auch zu der Darstellung, welche die französischen Schriftsteller bis auf die neueste

Abb. 1. Selbstporträt Watteaus. Gestochen von Crepy.

Zeit von der Jugendgeschichte Watteaus gegeben haben, steht die einheimische, auf gute Zeugnisse gestützte Überlieferung im Widerspruch. Die Franzosen haben ihre ganze Beredsamkeit und ihre noch größere Phantasie aufgeboten, um Watteau völlig als ein unbequemen, historischen Taten. Wie romantisch klingt es, wenn wir hören, daß der junge Watteau schon in zartester Jugend einen Drang zur Malerei gefühlt habe, daß er jeden Augenblick der Freiheit, die ihm gelassen wurde, benutzte, um auf dem „gro-

Abb. 2. Entwurf zu einem Wandschirm. (Zeichnung in der Albertina zu Wien.
(Nach einer Originalphotographie von Braun, Clément & Cie. in Dornach i. E. und Paris.)

Produkt der Pariser Erziehung hinzustellen und damit allen bisherigen Ruhmestiteln Frankreichs noch einen neuen hinzuzufügen. Wo man sich aber nicht scheut, die Geographie zu fälschen, hat man auch keine Ehrfurcht vor der Geschichte, besonders wenn die unbeglaubigten Anekdoten viel amüsanter sind als die trockenen und noch dazu ßen Platze" komische Scenen von liegenden Händlern, Charlatans und sonstigem fahrenden Volk zu zeichnen. Zu der romantischen Jugend bildet der hartherzige, geizige oder wirklich arme Vater ein wirksames Gegenstück. Dieser Vater gab endlich die Erlaubnis dazu, daß sein Sohn zu einem ziemlich schlechten Maler in Valenciennes in die

Abb. 3. Der Affe als Quacksalber.
Radierung nach einer dekorativen Malerei.

Abb. 4. Wandschirm mit einer Affengesellschaft. In Pariser Privatbesitz.
(Nach einer Originalphotographie von Braun, Clément & Cie. in Dornach i. E. und Paris.)

1*

Lehre gehen durfte; aber bald wurde ihm die kleine Ausgabe für den Unterhalt des Sohnes zu schwer, und er erklärte ihm, daß er sich schleunigst auf eigene Füße stellen sollte. Durch diese in keiner Künstlerlegende unentbehrliche Hartherzigkeit wurde der junge, vielversprechende, schon damals alle untrüglichen Zeichen des Genies an sich tragende Künstler aus seiner Vaterstadt nach Paris getrieben, „ohne Geld und ohne Kleider", um dort sein Glück zu suchen.

des 17. Jahrhunderts waren im äußersten Westen der Niederlande Rubens, van Dyck, Teniers und andere Vlamen die Ideale, und nach ihren Bildern, die in Originalen oder in Stichen in Valenciennes häufig zu finden waren, bildeten sich die dortigen Maler.

Valenciennes hat auch heute noch einen stark vlämischen Charakter, der an die inneren

Abb. 5. Der Affe als Bildhauer.
Nach einer Radierung.

Von dieser romantischen, wenn auch tief ergreifenden Darstellung weicht der wirkliche Verlauf der Dinge erheblich ab. Bei dem damaligen Verhältnis der Zünfte untereinander war ein Dachdeckermeister ebenso gut wie ein Malermeister, und Meister Watteau hat denn auch kein Bedenken gehabt, seinen Sohn, der Maler werden wollte, bei dem Vorsteher der Lukasgilde in Valenciennes, dem Maler Gérin, anzumelden, der ihn selbst als Lehrling bei sich aufnahm. Zu Ende

Winkel von Brüssel, Antwerpen, besonders aber an Mecheln erinnert. Wenn man nach dem langen sonnigen Wege vom heutigen Bahnhof durch die Festungsthore getreten ist, kommt man bald in ein Gewirr enger Gassen, die sich schließlich etwas verbreitern und zu dem großen Platze führen, den das Rathaus mit seinem plastischen Giebelschmuck beherrscht. Jenseits dieses Platzes, auf dem sich das ganze öffentliche Leben konzentriert, heute wie schon vor zweihundert Jahren, gibt es stille, sonnige Ecken, von Bäumen umstandene Kirchen und Kapellen, in denen sich noch manch ein kostbares Kunstwerk aus der vlämischen Zeit erhalten hat.

Zu Watteaus Zeiten waren ihrer gewiß noch mehr erhalten. Aber schon das, was wir heute noch sehen, reicht hin, um künstlerische Triebe zu erwecken und rege zu erhalten. In der Kirche, in der Watteau getauft worden war, befand sich ein Martyrium des heiligen Jakob von van Dyck, in der Abteikirche von St. Jean eine Beschneidung von Martin de Vos und in der Kirche der in der Nähe der Stadt gelegenen Abtei St. Amand ein dreiteiliges Altarbild von Rubens mit der Steinigung des heiligen Stephanus in der Mitte, das jetzt im Museum der Stadt zu sehen ist. In der Dominikanerkirche gab es Bilder von Crayer und Abraham Janssens. In diesem großen Kirchenstil arbeiteten auch die Maler von Valenciennes weiter, freilich mit einer Schwäche in der Charakteristik und einer Flauheit des Tons, die die letzten Vertreter einer absterbenden Kunst niemals verleugnen können. Je weiter die Heere des Sonnenkönigs nach Osten vordrangen, desto tiefer sank dort die Kunst, und wer von den vlämischen Künstlern Kraft und Gelegenheit dazu hatte, der rettete sich nach Paris, wo er freilich die letzte Spur seines nationalen Wesens verlor.

Jacques Albert Gérin, der erste Lehrmeister Watteaus, war einer der angesehensten Maler der Stadt, für die er mehrere Arbeiten ausgeführt hat. Zahlreicher waren seine Arbeiten für Kirchen und Kapellen, von denen sich noch einige erhalten haben, z. B. eine Anbetung der Könige in der Notre-Dame-Kirche in Douai, ein Mönch, der den Jesusknaben anbetet, in der Kirche zu Fresnes und ein heiliger Egidius, der den Kranken heilt, in der Kapelle des Hospitals in Valenciennes. In das dortige Museum ist auch ein philosophisch moralisches Genrebild von Gérin gekommen: ein Kind, das, auf einen Totenkopf gestützt, Seifenblasen in die

Abb. 6. Der Affe als Maler
Nach einer Radierung.

Luft schickt. Eine melancholische Allegorie, aus der man eine Prophezeiung für das Schicksal Watteaus herauslesen möchte, dem Gérin es verdankt, daß man sich seiner noch außerhalb der Grenzen seines beschränkten Schaffens erinnert.

Wege gegangen sein, indem er seine Studien nach der Natur, auf dem Markte des Lebens machte. Wenn Gaukler, Seiltänzer, Quacksalber ihre Künste auf dem großen Platze zeigten, oder wenn Soldaten durch die Stadt zogen, war Watteau zur Stelle, um die

Abb. 7. Der Chinese T'Sao. Nach einer Zeichnung in der Albertina in Wien.
(Nach einer Originalphotographie von Braun, Clément & Cie. in Dornach i. E. und Paris.)

Immerhin war Gérin ein Mann, bei dem Watteau wenigstens malen lernen konnte, und er hat es sicher auch gethan, wenn gleich seine ältesten Biographen, der Kunsthändler Gersaint und Graf Caylus, die Lehrzeit in Valenciennes als eine verlorene Zeit betrachtet wissen wollen. Nach der Darstellung, die sie verbreitet haben, soll der junge Watteau schon damals seine eigenen abenteuerlichen Gestalten zu zeichnen, zu studieren und später vielleicht auch zu malen. Das ist sehr glaubhaft; aber die Fähigkeit dazu muß er doch von Gérin erlernt haben, und daß sein eigener Genius damals keineswegs so weit entwickelt war, daß er bereits über seinen Lehrmeister hinwegblickte, beweist der Umstand, daß er noch über die nach den Satzungen der Lukasgilde auf drei

Jahre festgesetzte Lehrzeit hinaus bei Gérin blieb, vielleicht bis zu dessen am 7. Juni 1702 erfolgten Tode.

Was und wie Watteau unter Gérins Leitung gemalt hat, wissen wir nicht. Nur eines seiner Jugendwerke scheint uns in einer Nachbildung erhalten zu sein, in einem Stiche von Crespy, der ein von dem Künstler selbst gemaltes Jugendbild wiedergibt (Abb. 1). Daß dieses Bild wirklich den jungen Watteau darstellt, ergibt sich deutlich aus einem Vergleich mit seinen späteren Selbst- wie seine Jugendgeschichte mit romantischen Arabesken versehen. Nachdem der Vater Watteaus der Kosten, die ihm die Lehrzeit des Sohnes bei Gérin verursacht, überdrüssig geworden, habe er den Sohn angewiesen, sich auf eigene Füße zu stellen. „Watteau," so erzählt sein Freund der späteren Jahre, der Kunsthändler Gersaint, „müde geworden einer Herrschaft, welche seinem freien und eigenwilligen Geiste nicht paßte, und überdies von dem Wunsche beseelt, in der Kunst vorwärts zu kommen,

Abb. 8. Anbetung der Göttin Ki Mao Sao. Dekorative Malerei nach einer Radierung.

porträts, die den Meister auf der Höhe seines Ruhms und seines nur kurzen Lebens vorführen. Schon aus den Zügen des sechzehn- oder achtzehnjährigen Jünglings spricht das verzehrende Leiden, das den Mann in der Blüte seiner Jahre hinwegraffen sollte. Wenn man nach dem Stich auf das Gemälde schließen darf, muß Watteau schon damals soviel gelernt haben, daß er sich als fertigen Maler betrachten durfte, und es war daher kein so großes Wagnis für ihn, sein weiteres Fortkommen in Paris zu suchen.

Seine ersten Biographen haben seine Reise von Valenciennes nach Paris ebenso deren erste Elemente er bereits zu empfinden begann, verließ das väterliche Haus ohne Geld und ohne Kleidungsstücke, in der Absicht, einen Zufluchtsort in Paris bei irgend einem Maler zu suchen, um dort einige Fortschritte machen zu können." Nach einer anderen Version soll ein einheimischer Dekorationsmaler Watteau veranlaßt haben, mit ihm nach Paris zu gehen, wo er ihm für einige Zeit Beschäftigung bei den Dekorationsmalereien für die Oper verschafft haben soll.

In Wirklichkeit wird sich die Geschichte viel einfacher zugetragen haben. Nach dem

Tode Gérins sah Watteau ein, daß es in Valenciennes nichts mehr für ihn zu lernen gab, und so folgte er dem Zuge aller vlämischen Maler, die in ihrer Heimat kein Brot und keine Förderung mehr finden konnten. In Paris erging es dem unbekannten, jeder Empfehlung baren Maler eine geraume Zeitlang herzlich schlecht. Die einzige Quelle für die erste Periode seines Aufenthalts in Paris ist für uns der schon erwähnte Bericht, den der Kunsthändler Gersaint 1744, also lange nach Watteaus Tode, veröffentlicht hat. Danach „brachte ihn der Handlanger beschäftigte. Das einzige Verdienst, das er von seinen Gesellen verlangte, war rasche Ausführung: jeder hatte dabei seine bestimmte Verwendung. Die einen malten den Himmel, die anderen die Köpfe, diese die Draperien, jene setzten die weißen Lichter auf, und wenn das Bild in die Hände des letzten kam, war es fertig. Watteau war nur bei solchen mittelmäßigen Arbeiten beschäftigt; immerhin hatte er einen Vorzug vor den übrigen, weil er sich zu allem geschickt fand und zugleich schnell fertig wurde. Er wiederholte oft dieselben Gegen-

Abb. 9. Der Maler von China. Dekorative Malerei nach einer Radierung.

Zufall zu einem gewissen Metayer, einem mittelmäßigen Maler, den er jedoch bald aus Mangel an Arbeit wieder verließ, um bei einem Maler einzutreten, der noch untergeordneter war als jener und der nur mit ordinären Bildern für Großhändler beschäftigt war," d. h. für Händler, die gewöhnliche Dutzendware in der Provinz vertrieben. Es waren besonders kleine Bildnisse und Andachtsbilder. „Der Maler, bei dem Watteau in Arbeit getreten war, hatte damals die meisten Kunden für diese Art von Malerei, in der er einen beträchtlichen Umsatz machte. Er hatte bisweilen ein Dutzend jämmerlicher Schüler, die er wie stände, und ein besonderes Talent besaß er, den heiligen Nikolaus, der damals viel verlangt wurde, so gut wiederzugeben, daß man ihn speziell für ihn reservierte. „Ich wußte meinen heiligen Nikolaus," so erzählte er später seinem Freunde Gersaint, „auswendig und brauchte darum das Original nicht mehr." Diese unangenehme und unfruchtbare Arbeit verdroß ihn sehr; aber er mußte leben. Obwohl er die ganze Woche beschäftigt war, erhielt er des Sonnabends nur drei Livres, und aus Mitleid reichte man ihm auch täglich eine Suppe. Nach anderen Mitteilungen soll er auch niederländische Bilder kopiert haben. — beson-

Abb. 10. Das Bündnis der Musik und der Komödie.
Dekorative Malerei nach einer Radierung.

ders wird eine alte lesende Frau mit einer Brille von Gerard Dou genannt — und da solche aus der letzten Zeit Ludwigs XIV. herrührende Kopien auf Pariser Versteigerungen nicht selten aufgetaucht sind, ist der Verdacht nicht abzuweisen, daß diese Kopien auch zu betrügerischen Zwecken angefertigt

gesucht habe. Dort machte er vielleicht auch die Bekanntschaft des aus Antwerpen gebürtigen Malers Johann Jakob Spoede, der damals ein hoffnungsvoller Schüler der Pariser Akademie war, später sein Freund wurde und ihm manchen Dienst leistete. Im Verkehr mit ihm und anderen

Abb. 11. Der Winter. Dekorative Malerei.

Abb. 12. Der Frühling. Dekorative Malerei.

wurden. Immerhin konnte Watteau, dem die niederländische Art zu malen ohnehin geläufig war, bei solchen Kopien wenigstens etwas für seine Kunst profitieren.

Die Vermutung liegt nahe, daß Watteau nach seiner Ankunft in Paris bei den Mitgliedern der damals sehr zahlreichen vlämischen Kolonie, die sich in der Nähe der Kirche St. Germain des Prés und der Gobelinsmanufaktur angesiedelt hatte, Anschluß

mag Watteau eingesehen haben, daß es ihm am meisten in der Zeichnung fehlte, und darum benutzte er, wie Gersaint weiter erzählt, „alle Momente der Freiheit, die er hatte, sowohl an den Abenden als an den Festtagen, um nach der Natur alles zu zeichnen, was ihm unter die Hände kam, und dadurch gewann er jene große Leichtigkeit, die er immer in der Zeichnung besessen hat, und die derjenige Teil seiner

Abb. 13. Der Frühling. Dekorative Malerei.

Kunst ist, worin er sich am meisten hervorgethan hat."

Solche Zeichnungen soll der damals berühmte Dekorationsmaler Claude Gillot in die Hände bekommen und danach Watteau eingeladen haben, in seine Werk-

Abb. 14. Der Sommer. Dekorative Malerei.

statt zu treten. Nach der Erzählung Gersaints soll sich Watteau, der endlich der schmählichen Dutzendarbeit müde geworden war, jedoch selbst bei Gillot angeboten haben. Der Meister nahm ihn auch anfangs freundlich auf; aber bald stellten sich Meinungsverschiedenheiten und, wie es scheint, auch künstlerische Gegensätze heraus, die beiden Teilen eine Trennung wünschenswert machten, die nicht gerade unter besonders freundlichen Umständen erfolgte. Die ältesten Biographen Watteaus gehen über diese Thätigkeit bei Gillot, von der der Künstler selbst nicht gern sprach, kurz und mit dunkeln Andeutungen hinweg, und man scheint auch den Einfluß Gillots auf Watteau in Frankreich nicht besonders hoch anzuschlagen. Das ist aber ein Irrtum. Denn es war schon ein großer Gewinn für Watteau, daß er zum erstenmale in eine wirklich künstlerische Atmosphäre trat. Als Maler im eigentlichen Sinne scheint Claude Gillot (1673 bis 1722) freilich nicht bedeutend gewesen zu sein. Seine Bilder waren schon im vorigen Jahrhundert selten, und es ist auch nicht ein einziges bis auf unsere Zeit erhalten worden. Um so bedeutender war er als Ornamentenzeichner, indem er sowohl Kompositionen für sogenannte „Panneaux", d. h. für bemalte Holztafeln entwarf, die in die Wandtäfelung der Zimmer und Salons eingelassen wurden, als auch Entwürfe für Möbel und andere Erzeugnisse der Kunstindustrie zeichnete. Diese „Panneaux décoratifs", wie sie damals genannt wurden und noch heute bei den Franzosen heißen, waren ein besonders charakteristisches Merkmal der in den letzten Lebensjahren Ludwigs XIV. auftauchenden neuen Kunst, die die spätere Zeit den „Rokokostil" genannt hat. Auf diesen Tafeln entfaltete sich zuerst die spielende Phantasie der Künstler, die eine Revolution gegen die majestätische Steifheit des Stiles Ludwigs XIV. verrieten und schließlich durchsetzten. Der letzte und zugleich klassische Vertreter dieses feierlichen, aber allmählich sehr langweilig gewordenen Stils war Jules Bérain gewesen, der Jahrzehnte hindurch auf allen Gebieten der dekorativen Künste eine Alleinherrschaft ausgeübt hatte. Gillot war der erste, der dieses System zum Wanken brachte, indem er in die streng stilisierten, vornehmlich auf geometrischem Linienspiel beruhenden Kompositionen Bérains naturalistisches Pflanzenwerk einschob. Diese Neuerung Gillots hat Watteau weiter ausgebildet und ein eigenes System daraus gemacht, das dann wieder von seinen Nachahmern bis zur Verwilderung und geschmacklosen Entartung übertrieben wurde.

In diese Art der Dekoration, die in den ersten Decennien des achtzehnten Jahrhunderts ein beliebter und viel begehrter Modeartikel war, wurde Watteau also zuerst durch Gillot eingeführt. Von ihm lernte er die Grundzüge solcher Kompositionen, die auf die Groteskmalerei der italienischen Renaissancekünstler zurückzuführen sind, die ihrerseits wieder von den in Rom in unterirdischen Gemächern, den sogenannten „Grotten", entdeckten Wand- und Deckenmalereien aus der altrömischen Kaiserzeit gelernt hatten. Den Mittelpunkt des ornamentalen Systems von Ranken, Linien und architektonischen Einfassungen bildete immer eine oder mehrere, zu einer Gruppe vereinigte Figuren: Götter und Göttinnen, Nymphen und Amoretten, allegorische Gestalten, die zuletzt durch Figuren von dem italienischen und französischen Theater und durch solche aus dem Leben ersetzt wurden.

Die Bekanntschaft mit dem Theater, das in der späteren Entwicklung Watteans und in seinem künstlerischen Schaffen eine große Rolle spielen sollte, verdankte er ebenfalls Claude Gillot. Dieser war ein warmer Freund des Theaters und als solcher hatte er sich besonders der italienischen Truppe angeschlossen, die in der Zeit, wo Gillot nach Paris kam, ihre Vorstellungen im Hotel de Bourgogne gab. Hier zeichnete Gillot alle Typen der italienischen Komödie, und da er auf diese Weise mit den Schauspielern bekannt wurde, zeichnete er auch Kostüme für sie. Im Monat Mai des Jahres 1697 fand aber das lustige Treiben ein jähes Ende. Die italienischen Komödianten waren allmählich sehr ausgelassen und satirisch geworden, und als sie eines Tages die Aufführung eines neuen Stückes unter dem Titel „La fausse prude" (d. h. etwa „Die falsche Unschuld") ankündigten, kam Ludwig XIV. auf den Verdacht, daß damit eine Satire auf seine Maitresse, die Frau von Maintenon, beabsichtigt wäre. Auf seinen Befehl wurde das Theater nicht nur geschlossen, sondern auch die Komödianten

Abb. 15. Die Luft. Dekorative Malerei.

Abb. 16. Das Gesicht. Dekorative Malerei.

wurden Hals über Kopf durch die Polizei aus Frankreich verwiesen. Die Beförderung der Italiener wurde so hastig betrieben, daß sie damals großes Aufsehen erregt haben muß. Gillot ist wahrscheinlich dabei gewesen, und seinen Erzählungen verdankt Watteau sicherlich das Motiv zu einem nicht mehr vorhandenen, aber durch einen Stich erhaltenen Gemälde, das die Abreise der italienischen Komödianten darstellt. Vermutlich ist es erst 1716 gemalt worden, in dem Jahre, wo der Regent die Italiener wieder zurückrief und ihnen von neuem die Pforten des Hotels de Bourgogne öffnete. Ein solches Gedenkblatt mußte damals sehr willkommen sein.

Trotz ihrer Vertreibung blieben die italienischen Komödianten in Paris unvergessen. Ihre Kostüme waren von Gillot gezeichnet worden, und man sah daher häufig auf Pariser Maskenbällen Harlekins, Pierrots und Colombinen.

Obwohl Gillot und Watteau in Groll voneinander schieden, vergaß letzterer nicht, was er Gillot verdankte, wenn er sich auch, wie Graf Caylus erzählt, „für den Rest seines Lebens (in Bezug auf Gillot) in tiefes Schweigen hüllte. Er liebte es sogar nicht, wenn man ihn nach den Einzelheiten über ihre Verbindung und ihren Bruch befragte. Was aber Gillots Werke betraf, so rühmte er sie und ließ die Verpflichtungen, die er gegen Gillot hatte, nicht im Unklaren." Etwas eingehender äußert sich Gersaint über das Verhältnis der beiden Künstler. „Watteau hat," so berichtet er, „bei diesem Meister kaum mehr als einen gewissen Geschmack für das Groteske und Komische bekommen und ebenso auch für moderne Gegen-

Abb. 17. Das Gerüch. Dekorative Malerei.

Abb. 18. Die Bogenlaube. Dekorative Malerei.

Abb. 19. Die Toilette. Dekorative Malerei.

stände, worin er sich später bethätigt hat. Man muß jedoch zugestehen, daß er ganz über sich ins klare kam, und daß er nun mehr begann, zuverlässigere Beweise eines Talents zu geben, das er weiter bringen mußte. Niemals hatten Charaktere und Temperamente mehr Ähnlichkeit; aber da sie dieselben Fehler hatten, konnte man auch niemals unverträglichere finden. Sie konnten nicht lange im Einverständnis miteinander leben. Ein Fehler wurde weder auf der einen noch auf der anderen Seite begangen, und endlich waren sie gezwungen, sich voneinander in einer auf beiden Seiten ziemlich unfreundlichen Art zu trennen. Einige wollen sogar, daß eine schlecht verstandene Eifersucht, die Gillot gegen seinen Schüler ergriffen hatte, diese Trennung herbeiführte; aber soviel ist wahr, daß sie mit ebensoviel Befriedigung auseinandergingen als sie sich vorher zusammengefunden hatten."

Es scheint, daß Watteau sehr schnell ein neues Unterkommen fand, bei dem er sein Arbeitsfeld nicht viel veränderte. Sein nächster Arbeitgeber war nämlich Claude Audran (1658—1734), der damals der erste Dekorationsmaler im Fache der Grotesken und zugleich „Concierge" des Luxemburgpalastes war, in welchem er Wohnung und Werkstatt hatte. „Concierge" ist nicht etwa im modernen Sinne als Thürhüter zu verstehen. Audran war Oberaufseher des Palastes und vornehmlich Konservator der berühmten Galerie, für welche Maria von Medicis von Rubens die Ereignisse ihres Lebens in jener berühmten Reihe von Prachtgemälden hatte malen lassen, welche sich heute im Louvre befinden. Damals schmückten sie noch den Ort, für den sie gemalt worden waren, und Watteau hatte nun die bequemste Gelegenheit, die Bekanntschaft mit dem großen Künstler zu erneuern, der in seinen Jugenderinnerungen die tiefsten Eindrücke hinterlassen hatte. Hier enthüllte sich dem Künstler zum erstenmale das Geheimnis des Kolorits, und wenn Watteau zunächst auch keine Gelegenheit fand, die hier gemachten Studien in eigenen Gemälden zu erproben, so blieb doch das, was er zuerst im Luxemburgpalaste gründlich kennen gelernt hatte, unauslöschlich in seinem Geiste haften.

Wie Gillot führte Claude Audran — — nur in noch größerem Umfange — dekorative Panneaux für Wände und Decken aus, mit denen er Kabinette, Boudoirs und ganze Säle in den Schlössern des Hofes, des Adels und der hohen Staatsbeamten

Abb. 20. Die glückliche Begegnung. Dekorative Malerei.

schmückte. Seine Spezialität waren die „Camayeug", einfarbige, meist grau in grau oder braun in braun gemalte Dekorationen, in denen sich der auf eine zarte Farbenharmonie gestimmte Rokokogeschmack am meisten gefiel. Doch wurde auch mit anderen zarten Farben auf hellem oder goldenem Grunde gemalt, wenn nur eine sein abgetönte Gesamtwirkung erreicht wurde, die in immer schärferen Gegensatz zu dem ernsten, schwerfälligen Stile Ludwigs XIV. trat.

Obwohl Watteau auch später, nachdem er selbständig geworden, und bis an sein Lebensende solche Dekorationen gemalt hat, ist nicht eine einzige erhalten geblieben oder doch mit vollkommener Sicherheit als ein Werk Watteaus nachzuweisen. Bei dem raschen Wechsel des Geschmacks, der in solchen Dingen in Frankreich herrscht, wurde das Wandgetäfel der Rokokozeit bald durch anderen Schmuck ersetzt. Dem Rokokostil trat die Reaktion des Stiles Ludwigs XVI. feindlich gegenüber; auf diesen folgte der Empirestil, und als in unserem Jahrhundert ein altes Pariser Hotel nach dem anderen Neubauten weichen mußte, wurden die Boiserien in alle Winde zerstreut, wenn sie nicht aus Mißachtung ganz und gar zu Grunde gingen. Im Jahre 1880 tauchten auf einer Pariser Ausstellung zwei solcher Panneaux auf, die aus einem Kabinett im ehemaligen Hotel Poulpry in Paris stammten. Für dieses Hotel hatte Watteau, wie sich aus Nachbildungen in Stichen ergibt, gemalt, und Paul Mantz, einer der feinsten Kenner Watteaus, glaubt seine Hand auf jenen beiden schmalen Panneaux erkannt zu haben. „Es waren Ornamente, dahingestreut auf sanftgetöntem, weißem Grunde; die Farbe bewegte sich, ohne gerade blaß zu sein, in gemäßigten Tönen, ohne lebhafte Drucker, mit Rücksicht auf die Harmonie des Ganzen, das nach dem festgesetzten System hell blieb. Die Pinselführung war munter und leicht, und der Pinsel strich über die Dinge hin wie der Flügel eines Vogels über Blumen."

Watteau hat in seiner Jugendzeit, und wenn er in späteren Jahren seinen vornehmen Gönnern und Freunden und ihren Damen Gefälligkeiten und Aufmerksamkeiten erweisen wollte, auch Fächer, Wand-, Kamin- und Ofenschirme, die der Franzose mit dem gemeinsamen Namen „Ecran" bezeichnet, mit seinen Malereien verziert. Wenn man heute noch einen solchen, von Watteau selbst bemalten Fächer auffinden könnte, würde er vielleicht, wie ein französischer Schriftsteller behauptet, in unserer Zeit des Kunstauktionssports so hoch bezahlt werden wie ein Bild von Raffael. Aber zu einem so aufregenden Schauspiel ist es bis jetzt in der Centralstätte des internationalen Kunsthandels, im Hotel Drouot, noch nicht gekommen. Ein angeblich von Watteau bemalter Wandschirm (Ecran) ist jedoch auf der berühmten Ausstellung von Kunstwerken aus französischem Privatbesitz aufgetaucht, die 1874 im Palais erst schüchtern das für Watteau charakteristische, naturalistisch behandelte Pflanzenwerk, das zu beiden Seiten in hohen Stauden die Einfassung bildet. Ein eigenhändiger Entwurf Watteaus zu einem solchen Wandschirm ist in einer Zeichnung der Al-

Abb. 21 Der zudringliche Schäfer. Dekorative Malerei.

Bourbon zum Besten der Elsaß Lothringer veranstaltet worden war (Abb. 1). Wenn dieser Wandschirm wirklich eine Arbeit Watteaus ist, muß sie in der Zeit entstanden sein, wo der junge Künstler bei Audran, vielleicht sogar noch bei Gillot arbeitete. Denn zu der bei diesen Meistern üblichen, noch etwas trockenen Ornamentik, zu den Arabesken und Blumenguirlanden, gesellt sich bertina in Wien (Abb. 2) erhalten, die aber, wie sowohl aus der Ornamentik wie aus der anmutigen Schäferscene in der Mitte hervorgeht, schon der reifen Zeit seines Könnens angehört. Das Ranken- und Muschelwerk, Watteans ureigene ornamentale Ausdrucksweise, ist bereits in voller Freiheit angewendet, mit jener unbeschreiblichen Eleganz, die die ersten Schöpfungen dieses neuen Stils kennzeichnet, den die Franzosen „Style régence" (den Regentschaftsstil nach dem Regenten Philipp von Orleans) nennen. In der völlig naturalistischen Behandlung des die ornamentale Einfassung keck durchbrechenden Laub- und Buschwerks liegen aber auch schon die Keime des Verfalls, der nicht lange auf sich warten ließ.

Affen als Nachahmer aller menschlichen Hantierungen in Kunst und Leben, in menschlicher Kleidung darzustellen, war schon während der ganzen zweiten Hälfte des 17. Jahrhunderts ein Lieblingsgegenstand der niederländischen Maler gewesen. Teniers der jüngere, dessen Bilder zu den Elementen gehören, auf denen sich Watteaus Kunst aufgebaut hat, war ein leidenschaftlicher Affenmaler gewesen, und wenn nicht seine Bilder, so sind doch die Stiche danach früh nach Frankreich gekommen, und als dann wegen der ununterbrochenen Kriegswirren die große Wanderung vlämischer Künstler jeglicher Art nach Paris begann, flossen niederländische und französische Kunst bald zu einem Strome zusammen. Gemeinschaftlich mit exotischen Vögeln, mit Papageien, Kakadus, Pfauen und Fasanen, wurden die possierlichen Tiere von den Arabeskenzeichnern und Dekorationsmalern in ihre

Abb. 22. Der treue Gärtner. Dekorative Malerei.

Abb. 23. Der Liebling Floras. Dekorative Malerei.

Abb. 24. Der Spaßmacher. Dekorative Malerei.

lustigen Kompositionen aufgenommen, und ganze Zimmer wurden mit Affenszenen ausgemalt. Zwei solcher Zimmer sind auf unsere Zeit gekommen: die sogenannte „große und kleine Singerie" im Schlosse zu Chantilly bei Paris, dem Besitztum des Herzogs von Aumale, und der französische Schriftsteller, der sich am meisten um die Erforschung der Werke Watteaus verdient gemacht hat, Edmond de Goncourt, hat geglaubt, diese meisterhaften, durch Geschmack in der Erfindung und durch den Reiz des Kolorits gleich ausgezeichneten Kompositionen als Arbeiten Watteaus erklären zu dürfen. Indessen sprechen mehrere Gründe, insbesondere die Trachten der als Menschen verkleideten Affen dafür, daß diese Dekorationen bald nach 1700 entstanden sind und daß in ihnen eher Werke Claude Gillots, des ersten Lehrmeisters Watteaus, zu erkennen sind. Somit wären diese Malereien ein neuer Beweis dafür, daß Watteau bereits von Gillot in diese Gattung der Kunst eingeführt worden ist. Affenscenen, die Watteau wirklich selbst gemalt hat, sind uns wenigstens, wie fast alle dekorativen Malereien des Künstlers, in Stichen erhalten (Abb. 3). Wie Teniers hat Watteau die Affen aber nicht bloß als Spaßmacher, Gaukler und Quacksalber, sondern auch bei ernsten Beschäftigungen dargestellt. Das Pradomuseum in Madrid besitzt zwei kleine Bilder von Teniers, die einen Affen als Bildhauer und einen Affen als Maler in ihren Werkstätten darstellen, und zwei ähnliche Bilder, die wir nach den Stichen wie-

Abb. 25. Die Jägerin. Dekorative Malerei.

Abb. 26. Die Belustigung. Dekorative Malerei.

dergeben Abb. 5 und 6), hat auch Watteau gemalt, anscheinend gar nicht einmal in satirischer Absicht. Denn als einige Jahre nach seinem Tode seine gesamten Werke in Stichen und Radierungen, die in vier Bänden vereinigt waren, auf Kosten seines Freundes Julienne herausgegeben wurden, war jedem der beiden Bilder eine moralische Betrachtung in Versen beigegeben. Von dem Affen als Bildhauer weiß der Dichter zu singen:

Ce singe industriel qui travaille en sculpture
Peut de l'Art qu'il exerce estre dit l'inventeur.
On ne peut estre bon sculpteur
Qu'en se faisant singe de la nature.

(D. h. dieser betriebsame Affe, der als Bildhauer arbeitet, kann der Erfinder der Kunst, die er betreibt, genannt werden; man kann nur ein guter Bildhauer sein, wenn man sich zum Affen der Natur macht.) Also schon zu jener Zeit ein förmliches naturalistisches Glaubensbekenntnis in der Kunst!

Die ovale Form der Stiche läßt vermuten, daß wir keine Nachbildungen von Staffeleibildern, sondern von dekorativen Malereien, allerdings aus Watteaus letzter Zeit vor uns haben. Denn neben jenen „Grotesken", die in erster Linie von dem damaligen Kunstgeschmack gefordert wurden, führte Watteau, wie wir später sehen werden, auch dekorative Malereien rein figürlichen Inhalts aus.

Mit den Affen, die noch tief in das 18. Jahrhundert hinein integrierende Bestandteile der Groteskenmalerei blieben — man denke nur an das Residenzschloß in Würzburg und an das sogenannte japanische Haus im Parke von Sanssouci — standen die Chinesen vorne an auf dem Repertoire der französischen Dekorationsmaler. Aber obwohl es ihnen nicht an Gelegenheit fehlte, Studien nach der Natur zu machen — chinesische Gesandtschaften sind schon damals nach Frankreich gekommen — betonten sie bei der Darstellung der Chinesen und bei Schilderungen aus ihrem noch märchenhaften Reiche mehr das burleske und phantastische als das ethnographische Element. Daß speziell Watteau jedoch wenigstens einen Chinesen nach der Natur gezeichnet und dabei versucht hat, den Rassentypus einigermaßen zum Ausdruck zu bringen, dafür besitzen wir ein kostbares Dokument in einer Zeichnung der Albertina in Wien (Abb. 7), die noch dazu durch die Beischrift des Namens des Dargestellten

„T'sao" als eine Porträtstudie beglaubigt ist. Im großen Maßstabe verwertete Watteau diese und andere chinesische Studien bei der Dekoration eines Kabinetts im Schlosse La Muette bei Paris, dessen Holzgetäfel vollständig mit solchen Chinoiserien bemalt worden war. Es war das berühmteste dekorative Werk des Meisters; wir vermögen es aber nur nach den dreißig Stichen zu beurteilen, die von Boucher, binett in Anbetung einer Landesgöttin vor, die in den Zügen und in der koketten Haltung mehr an eine Pariserin aus der lustigen Zeit der Regentschaft als an ein gelbes, schlitzäugiges Kind des himmlischen Reiches erinnert. Die noch etwas schwerfällige trockene Behandlung des Rokoko-Ornaments, die Verwendung von überhängenden, steif geschnittenen Lambrequins und anderen Erinnerungen an den Stil Ludwigs XIV.

Abb. 27. Der Savoyarde. Nach dem Gemälde in der Eremitage zu St. Petersburg.
(Nach einer Originalphotographie von Braun, Clément & Cie. in Dornach i. E. und Paris.)

Jeaurat und Aubert ausgeführt worden sind und im Jahre 1731 vollendet vorlagen (Abb. 8 und 9). Um die Mitte des Jahrhunderts scheinen sie bereits beseitigt worden zu sein, da von da ab ihre Spur verschwindet. Chinesen und Tartaren waren bei dem damaligen Stande der Völkerkunde identische Begriffe. Nur durch die hohe zuckerhutförmige Mütze unterschied sich der Tartare vom Chinesen. Im übrigen friedlich vereint führt sie eine der von uns gebotenen Proben aus dem chinesischen Ka- machen es wahrscheinlich, daß diese Zimmerdekoration noch in der Zeit entstanden ist, wo Watteau bei Audran arbeitete.

In derselben Stilrichtung bewegt sich auch die unserem Geschmack wenig zusagende Allegorie, die das Bündnis der Musik mit der Komödie, also in modernem Sinne etwa die Operette versinnlichen will (Abb. 10). Das Bild, das dem Stiche zu Grunde liegt, war keine ausgeführte Wanddekoration, sondern nur ein Entwurf dazu, vielleicht, meint Paul Mantz, eines der vielen Modelle, die

Watteau für andere Dekorationsmaler angefertigt hat. Noch im Jahre 1856 ist dieses nicht sehr umfangreiche Bild auf einer Auktion in Paris aufgetaucht, ohne großen Eindruck zu machen, weil es von der Eigenart Watteaus ganz und gar abweicht. Es gab in dem kurzen Leben des Künstlers eine lange Zeit, wo er alles machen mußte und wirklich auch machte.

Das vierbändige Kupferwerk lehrt uns, daß Watteau trotz eines von der Geburt an siechen Körpers eine fieberhafte Thätigkeit als Dekorationsmaler entfaltet hat, die er, wie wir schon bemerkt haben, bis in seine letzte Zeit fortsetzte. Sie war ihm gewissermaßen zu einem Lebenselement geworden, und er ließ nicht von ihr ab, nachdem er längst die höchsten Ehren eines französischen Malers, die Mitgliedschaft der Akademie, durch seine Staffeleimalereien erreicht hatte. Aus diesem Grunde ist es überaus schwierig, die dekorativen Malereien Watteaus, die obendrein durch den Stich noch manche Abschwächungen erlitten haben, nach der Zeit ihrer Entstehung zu ordnen. Auch die Ornamentik gibt uns nicht immer einen sicheren Anhalt, weil Watteau bisweilen trotz eines Mittelbildes aus seiner Glanzzeit auf ein älteres ornamentales Motiv zurückgriff. Wir müssen uns deshalb bei der weiteren Charakteristik der dekorativen Malereien des Meisters, die nicht durch bestimmte Nachrichten an Ort und Zeit gebunden sind, auf allgemeine Andeutungen beschränken. Aus der Auswahl, die wir in den Abbildungen 11—26 getroffen haben, geht hervor, daß es sich bei der Ausmalung des Täfelwerks um ganz schmale Seitenfüllungen, um Sopraporten, um große, oblonge Mittelstücke, um Sockelfüllungen u. dgl. m. handelte, denen die Komposition angepaßt werden mußte. Die Motive der Darstellungen entsprachen dem Gedankengang des leichtsinnigen Zeitalters, der das Strafgericht der Revolution von 1789 am meisten vorbereiten half: die vier Jahreszeiten, die vier Elemente, die fünf Sinne, dann Saturn, Bacchantinnen, Amoretten und andere mythologische Figuren, Jagd-, Schäfer- und Liebesscenen, Theaterfiguren — durchweg auf den einen Ton gestimmt, der nach der Frömmelei in den letzten Jahren Ludwigs XIV. ganz Paris durchzitterte. Das unverblümt Gemeine wurde noch vermieden oder doch mit einem leichten Schleier von Galanterie verhüllt. Auch vor grober Frivolität schreckte man noch zurück. Sie wurde erst das Fahrwasser, worin Watteaus Schüler, Lancret und Pater, vornehmlich aber Boucher, gegen den sich später der Haß der Revolutionsmänner am meisten richtete, vergnüglich plätscherten. Watteau ist niemals gemein gewesen, auch wenn er gelegentlich eine Diana im Bade belauschte oder eine ganze Gesellschaft von Nymphen der Diana, und er hat sich sogar von der versteckten Gemeinheit, der Frivolität, so vorsichtig ferngehalten, daß man für ihn und seine Darstellungen das Eigenschaftswort „galant" hätte erfinden müssen, wenn es nicht bereits vorhanden gewesen wäre. Seinen Inhalt und Sinn hat es aber erst durch Watteau erhalten. Obwohl alle seine Liebhaber vor Verlangen brennen, in die Arme ihrer Schönen zu stürzen, obwohl diese selbst ganz und gar nicht danach aussehen, solchem Verlangen den geringsten Widerstand entgegenzuziehen, geht in Watteaus Darstellungen alles in den Formen einer fast höfischen „Galanterie" zu, wenn auch kein im feierlichen Stile Ludwigs XIV. ausgestattetes Prunkzimmer, kein Boudoir im Régence-Stil den Schauplatz der Darstellung bildet. Geschlossene Räume sind Watteau offenbar von Jugend auf nicht sympathisch gewesen. Er war, wenn wir seine Selbstbildnisse studieren und damit sein Temperament, die Äußerungen seiner Laune und den Verlauf seiner tödlichen Krankheit nach den Erzählungen seiner Zeitgenossen in Verbindung bringen, engbrüstig, freier Atmung, frischer Luft und des fröhlichen Eindruckes einer baum- und wasserreichen Natur bedürftig. In diesem zuerst erträumten, später auch ihm zugänglich gewordenen Lande hat sich seine Phantasie von der Zeit an bewegt, wo er Mitarbeiter Gillots wurde. Alle figürlichen Darstellungen, mit denen er bei Gillot und später bei Audran die dekorativen Panneaux in der Mitte ausfüllte, schwebten in freier Luft oder sie bewegten sich in einer frei komponierten Landschaft, deren Hintergrund sich in duftig phantastischen Formen verlor. Einer seiner ältesten Biographen, der Graf Caylus, erzählt, daß Watteau seine ersten landschaftlichen Studien im Luxemburggarten gemacht hat, zur Zeit also, als er bei Audran arbeitete. „Dort," sagt

Abb. 28. Bauerntanz. Radierung nach einem Gemälde.

er in seiner Lobrede auf Watteau, „zeichnete er unablässig die Bäume dieses schönen Gartens, der, unkultiviert und weniger frisiert, als die der andern königlichen Schlösser, ihm unendliche Ausblicke gewährte." Obwohl der Park durch den strengen Winter des Jahres 1670 in seinem Baumbestande arg gelitten hatte und man erst 1716 durch neue Aufpflanzungen den Schaden wieder gut zu machen suchte, war der Luxemburggarten das Hauptziel aller Spaziergänger von Paris. Der Verfasser der „Curiositez de Paris" erzählt, daß die Balustrade von weißem Marmor vorn auf der Terrasse ein beliebter Sammelplatz war. „Daran lehnten sich alle die, die die neuen Damenmoden in Kleidern und Schmuck, die Vorzüge und die Fehler der Personen prüfen, loben oder kritisieren wollten, die in den Alleen lustwandelten." Hier mag Watteau auch die ersten Beobachtungen und Studien an Trachten der vornehmen Welt und des Bürgertums, an Eleganz und Koketterie gemacht haben, die später in seinen geistreichen Zeichnungen die Hauptrolle spielten. Damals war der Garten auch noch nicht von Bauwerken so eingeengt wie heute. Er dehnte sich noch weithin über die Grundstücke der benachbarten Klöster aus und er konnte sehr wohl, wie Paul Mantz sagt, „die Illusion einer ländlichen Gegend hervorrufen." Wenn Watteau auch schon damals landschaftliche Studien gemacht hat, so konnte er sie auf selbständigen Staffeleigemälden vorläufig noch nicht verwerten. Als er aber soweit gekommen war, hat er sicherlich Motive aus dem Luxemburggarten in seine Schäferstücke, in seine arkadischen Gefilde verwebt. „Er hat sogar dort," wie der eben genannte französische Kunstkritiker schreibt, „in Stunden, wo ein unbestimmter Duft die Formen verwischt, einige jener Fernen gefunden, die er mit einer bläulich schimmernden Atmosphäre einhüllt, wie wenn er an Samt Brueghel dachte."

Auch bei Audran fühlte sich Watteau, bei dem der Trieb zur Selbständigkeit, zum eigenen Schaffen immer stärker wurde, trotz mancher Annehmlichkeiten nicht lange wohl. Auf welche Weise sie auseinander kamen, erzählt Gersaint in seiner Biographie Watteaus so ausführlich, daß wir ihm als unserer Hauptquelle wohl im großen und ganzen vertrauen dürfen. „Watteau, der nicht bei den dekorativen Malereien stehen bleiben und auch nicht sein Leben damit verbringen wollte, für andere zu malen und überdies die Kraft eigener Erfindung in sich spürte, wagte ein Bild aus seiner Phantasie, welches einen Truppenabmarsch darstellt und das er in seinen Mußestunden malte. Er zeigte es dem Herrn Audran, den er nach seiner Meinung darüber fragte .... Herr Audran, ein geschickter Mann und im stande, eine schöne Sache zu beurteilen, war bestürzt über die Vorzüge, die er an diesem Bilde erkannte; aber aus Furcht, einen Untergebenen zu verlieren, der ihm nützlich war und auf den er sich sehr oft hinsichtlich der Anordnung und selbst der Komposition der Stücke, die er auszuführen hatte, verließ, riet er ihm leicht hin, seine Zeit nicht an dieser Art von freien Phantasiestücken zu vergeuden, da sie ihm nur den Geschmack, in dem er arbeitete, verderben würden. Watteau ließ sich aber nicht dumm machen. Der feste Entschluß, den er gefaßt hatte, sich loszumachen, verbunden mit einem kleinen Wunsche, Valenciennes wiederzusehen, bestimmte ihn vollends. Der Vorwand, seine Verwandten besuchen zu wollen, diente ihm als anständiges Mittel, aber wie sollte er es anstellen? Das Geld dazu fehlte ihm, und sein Bild wurde seine einzige Hilfsquelle. Er wußte aber nicht, was er dabei zu thun hatte, um es zum Verkauf zu bringen. Bei dieser Gelegenheit nahm er seine Zuflucht zu dem noch jetzt (1744) lebenden Jean Sponde, einem Maler, der ungefähr aus derselben Gegend stammte wie er und sein besonderer Freund war. Der Zufall führte Herrn Sponde zu Herrn Sirois, meinem (des Schreibers Gersaint- Schwiegervater, dem er das Bild zeigte. Der Preis war auf 60 Livres festgesetzt, und der Handel wurde sofort abgeschlossen. Watteau erhielt sein Geld, und er reiste fröhlich nach Valenciennes, wie jener Weise Griechenlands. Es war sein ganzes Vermögen, und sicherlich hatte er sich noch niemals so reich gesehen. Dieser Handel war der Ursprung der Verbindung, die mein verstorbener Schwiegervater seitdem stets mit ihm bis zu seinem Tode unterhalten hat, und er war von jenem Bilde so befriedigt, daß er ihn instandig bat, ihm ein Zeitenstück zu malen, das er (Watteau) ihm wirklich aus

Abb. 29. Bauerngehöft. Nach dem Gemälde im Neuen Palais bei Potsdam.

Valenciennes schickte. . . . Es stellt den Halt (den Lagerplatz) einer Armee dar. Das Ganze war nach der Natur. Er forderte 200 Livres dafür, die ihm gegeben wurden. Diese beiden Bilder haben immer für zwei der schönsten Sachen gegolten, die aus seinen Händen hervorgegangen sind."

Wenn diese Darstellung auch in den Hauptzügen richtig sein mag, so ist es doch nicht wahrscheinlich, daß zwei so reife, in sich fertige Bilder wie der „Abmarsch der Truppen" und die „Rast der Armee" Watteaus erste Versuche auf diesem Gebiet gewesen seien. Es sind denn auch wirklich zwei ältere Bilder Watteaus ermittelt worden, die sich im Besitze Audrans befunden haben, diesem also von Watteau gemalt oder geschenkt worden sind. Da beide Einzelfiguren darstellen — einen Savoyarden mit seinem Murmeltier und eine spinnende Bäuerin —, ist es wahrscheinlich, daß sie ursprünglich als Muster für Mittelstücke in Wanddekorationen gemalt worden waren. Eine dieser Figuren ist noch im Original vorhanden (in der Eremitage zu St. Petersburg, Abb. 27), die andere ist uns nur noch durch den Stich erhalten geblieben. Der Savoyardenjüngling, der sein Murmeltier nach der Pfeife tanzen ließ, war eine bekannte Straßenfigur in Paris, aber auch in den kleinen Städten und in den Dörfern. Sie mag sogar eine der Jugenderinnerungen Watteaus gewesen sein: denn der, wenn auch nur flüchtig hingestrichene, landschaftliche Hintergrund deutet auf die vlämische Heimat oder vielleicht mehr auf das Studium des Meisters Teniers, der auch gern solche Einzelfiguren vor Wirtshäusern und auf Dorfgassen gemalt hat. Von diesem schüchternen Versuch zu den figurenreichen Soldatenbildern ist ein so weiter Sprung, daß man sich nach einem Verbindungsgliede umsehen muß. Es ist erst in neuester Zeit durch die Veröffentlichung der Register der französischen Akademie gefunden worden. Vermutlich auf den Antrieb oder nach dem Beispiel seines Freundes Spende (eigentlich Spoede) hatte sich Watteau als Schüler der Akademie angemeldet, in der Hoffnung, einen Preis zu erringen, der ihn aus seinem Sklavendienste befreien könnte. Die Akademie, die damals ihren Sitz im Louvre hatte, verlangte von den Bewerbern, vor den Augen der Preisrichter Skizzen anzufertigen. Nach dem Ausfall dieser Arbeiten wurden diejenigen gewählt, die an der engeren Konkurrenz „en loges", d. h. in abgeschlossenen Räumen, die eine Verbindung mit der Außenwelt verhindern sollten, teilzunehmen, für würdig befunden worden waren. In einem Protokoll vom 6. April 1709 findet sich unter diesen Erwählten der Name Watteaus neben zwei Bildhauern und vier Malern. Zwei biblische Gegenstände waren den Malern aufgetragen worden: die Rückkehr Davids nach seinem Siege über Goliath, und Abigail, die dem bedrängten David Lebensmittel bringt. Erst in der letzten Augustwoche kam die Entscheidung. Die Konkurrenzarbeiten wurden ausgestellt, die Akademiker gaben ihre Stimmzettel ab, und als am 31. August die Büchsen geöffnet wurden, ergab es sich, daß der erste Preis in der Malerei einem gewissen Antoine Grison, der zweite einem gewissen Antoine Watteau zugefallen war. Wie so oft hatten sich die Akademiker auch diesmal getäuscht. Von Antoine Grison hat niemand wieder etwas erfahren, und der Mann mit dem zweiten Preise ist einer der Heroen der Malerei geworden.

Damals war ihm die Entscheidung gewiß ein schwerer Schlag, und sie mag dazu beigetragen haben, ihn in seinem Entschlusse, Paris für einige Zeit den Rücken zu kehren, zu bestärken. Ob er noch im Dienste Audrans stand, als er sich an der Konkurrenz um den Akademiepreis bewarb, und um welche Zeit er nach Valenciennes gegangen ist, ist eine offene Frage. Ebensowenig läßt sich feststellen, wann und wo Watteau seine ersten Soldatenbilder gemalt hat, ob noch in Paris oder erst in Valenciennes. Truppenmärsche kann er auch in Paris beobachtet haben, und daß er wenigstens das eine dieser Soldatenbilder, den „Abmarsch der Truppen", in Paris gemalt hat, bezeugt uns Gersaint in seiner Biographie Watteaus. Es ist uns glücklicherweise nicht bloß im Stiche, sondern auch im Original erhalten geblieben, das sich im Besitz des Barons Edmund von Rothschild in Paris befindet. „Bei schwerem Unwetter," so beschreibt Dohme dieses Jugendbild des Künstlers, „zieht eine Abteilung Rekruten über eine Hochebene dahin; Anfang und Ende des Zuges verlieren sich im Nebel, der die ganze Landschaft verhüllt. Einzeln und ohne Ordnung marschieren die Gestalten hintereinander, sich mühselig ihren Pfad in dem aufgeweichten Terrain suchend. Das Bild ist fast farblos; Himmel und Erde sind in einen schmutzig graubraunen Ton gekleidet, die Gestalten selbst fast en camayeu (grau in grau) behandelt. Die Malerei ist an vielen Stellen, namentlich in der Luft, so dünn, daß der Ton des Grundes mitwirkt; die Behandlung der Figuren hat in der Angabe der Gewandschatten und Brüche etwas Gehacktes im Vortrag .... Auffällig Schule deutlich verrät und zugleich ein seltenes Farbentalent bekundet." Trotz aller Fehler einer Jugendarbeit — Watteau war damals noch weit entfernt, ein Virtuose der Zeichnung zu sein — also die erste Probe eines wirklichen Talents, wenn sie auch noch keine Spur von dem künftigen Maler der „galanten Feste" erkennen läßt. Der geistvolle, originelle Vortrag, der Gegenstand, der in die damalige Zeitstimmung so recht hineintraf — beides zusammen mag dann in

Abb. 30. Bauernhof. Nach einer Zeichnung im britischen Museum zu London. (Nach einer Originalphotographie von Braun, Clément & Cie. in Dornach i. E. und Paris.)

ist der Maler der Zeichnung von Köpfen und Händen aus dem Wege gegangen. Nur ein Gesicht ist erkenubar: ins Profil gestellt und wenig ausgebildet; die drei oder vier Hände, welche sichtbar werden, sind noch ziemlich ungeschickt. Dagegen ist die Bewegung der einzelnen Gestalten recht glücklich .... man empfindet durchaus mit, wie jeder in seiner Weise kämpft, auf dem schlüpfrigen Talent vorwärts zu kommen. Und mehr noch als dies fesselt der energische Ton des Ganzen, der aus allem herausgehend, was sonst von Watteau bekannt ist, sein Hervorwachsen aus der vlämischen dem Kunsthändler Sirois den Wunsch nach einem Seitenstück rege gemacht haben, das Watteau, wie wir oben aus der Darstellung seines Biographen Gersaints erfahren haben, bereits in Valenciennes malte.

Wenn er dort, wie die Mehrzahl der Forscher annimmt, etwa im September 1709 anlangte, so geriet er gerade mitten in das Kriegsgetümmel hinein. Am 11. September war die Schlacht bei Malplaquet geschlagen und von den Franzosen verloren worden. Da Valenciennes nicht weit von Malplaquet lag, wird sich ein Teil der geschlagenen Truppen hinter die Wälle der Festung zurückgezogen haben, und dort werden auch viele Verwundete untergebracht worden sein. Es ist eine sehr ansprechende Vermutung von Mantz, daß Watteau unter den Verwundeten die erste Bekanntschaft eines Mannes gemacht hat, zu dem er später in ein enges Freundschaftsverhältnis trat. Es ist damals mit Watteau bekannt wurde, dem er später, nachdem er seine Bekanntschaft bei Gersaint erneuert hatte, manches Bild ablaufte. Watteau hat ihn auch als Invaliden mit der Krücke in der Hand gemalt.

Außer der „Rast einer Armee", deren Original verschollen ist, hat Watteau nach

Abb. 31. Der Frühling. Nach einem dekorativen Gemälde im Hôtel Crozat.

Antoine de la Roque, der den Krieg als Gefreiter in der Compagnie der Königsgendarmen mitmachte und in der Schlacht bei Malplaquet das Unglück hatte, daß ihm das linke Bein zerschmettert wurde. Er ließ sich nach Valenciennes transportieren, und da er schon als Soldat Neigung zur Poesie, zur Musik und zu den schönen Künsten hatte, ist es wohl möglich, daß er dem ausdrücklichen Zeugnis Juliennes, des Herausgebers des großen Watteau Werkes in Radierungen, während seiner Anwesenheit in Valenciennes „einige Bilder, unter anderen mehrere Lager- und Soldatenstudien nach der Natur" gemalt. Solcher Bilder sind uns noch mehrere, sowohl in Originalen als in Nachbildungen durch den Stich, erhalten. Zwei Gemälde besitzt die Eremitage in St. Petersburg, die auch unter den Titeln „die Strapazen des Krieges" und „die Erholungen im Kriege" gestochen worden sind. Auf dem einen ist wieder der Marsch einer Soldatenabteilung bei stürmischem Wetter dargestellt. Zwei berittene Offiziere und eine Frau zu Esel bilden die Eskorte. Ein zweiter Esel wird von drei Soldaten zur Eile angetrieben. Das zweite Bild zeigt eine friedliche Lagerscene: Soldaten und Frauen sitzen unter einer als Dach ausgespannten Leinwand um einen Tisch, andere Soldaten plaudern und rauchen im Vordergrunde. Zu ihnen hat sich auch ein Trommler gesellt. Ähnlich sind die Motive auf den nur noch in Stichen erhaltenen

Abb. 32. Der Sommer. Nach einem delorairten Gemälde um Pierre Crozat.

Bildern: eine Soldatenabteilung, die auf dem Marsche Halt macht, der Lagerplatz eines Detachements, das zur Begleitung des Trosses mit Wagen, Weibern und Kindern dient, ein Marsch von Reitern über ein abschüssiges Terrain, bekannt unter dem Namen „das Défilé" u. dgl. m. Allen diesen Bildern wird von denen, die noch die Originale gekannt haben, das Zeugnis ausgestellt, daß sie ungemein geistreich und lebendig gezeichnet und gemalt waren, ober in ihrem braunen Gesamtton an Gemälde alter Meister erinnert hatten. Sie fanden schnell Käufer und waren die Grundsteine, auf denen sich Watteaus Stellung in der Gunst der reichen Kunstliebhaber allmählich

Abb. 33. Der Herbst. Nach einem dekorativen Gemälde im Hôtel Crozat.

befestigte. Die beiden Bilder der Eremitage befanden sich sogar im Besitze eines der feinsten Kunstkenner von Paris, des Pierre Crozat, dessen Haus wohl das erste war, das sich dem jungen Meister erschloß.

Aber nicht bloß Studien zu kriegerischen Bildern wird Watteau während seines Aufenthaltes in der Heimat gemacht haben. Auch die Natur und das Volksleben gewannen sein Interesse, und er sah beide mit den Augen seines Vorbildes, des jüngeren David Teniers, dem er nicht bloß die Motive, sondern auch die malerische Behandlung ablernte. Erst in neuester Zeit sind mehrere Werke Watteaus, die uns seinen engen Zusammenhang mit Teniers

Abb. 54. Der Winter. Nach einem dekorativen Gemälde im Hotel Crozat.

tiar machen, aus der Verborgenheit gezogen und in die richtige Beleuchtung gerückt worden. Zwei davon sind uns nur noch in Stichen erhalten. Das eine stellt unter dem Titel „La vraie gaité", die wahre Fröhlichkeit (Abb. 28), einen Bauerntanz vor einem vlämischen Wirtshaus dar, in der Komposition und in ihren einzelnen Bestandteilen noch ganz und gar an Teniers erinnernd. Aber in der Zeichnung der beiden Frauenköpfe, in dem Schnitte der nach unten spitz zulaufenden Gesichter, in der berechneten Koketterie der Mienen und des Anzuges der beiden Frauen, die ihre Häubchen, ihre Hemdkragen und Schürzen zur Schau tragen, und nicht zum wenigsten in der Anmut der Tänzerin kommt schon der Watteau der „galanten Feste" zum Durchbruch. Es fehlen nur noch wenige Schritte, und wir treten aus dem Dunstkreise der Soldaten und ihrer

Abb. 33. Der Frühling. Nach einer Radierung.

Weiber, der Bauern und Bäuerinnen in das über Raum und Zeit erhabene Weltbürgertum, das Watteau aus eigener Machtvollkommenheit gegründet hat. Der zweite Stich, der den Titel „Die Heimkehr aus dem Wirtshaus" trägt, zeigt das Gepräge von Teniers noch stärker. Vor Bauernhäusern sieht man an einem Tische eine Gesellschaft trinkender Dörfler, während die, die bereits ihre volle Ladung haben, Männer und Weiber, im Mittelgrunde heimwärts ziehen. Als ein wertvolles Zeugnis für die enge Verwandtschaft zwischen Teniers und Watteau ist auch von Dohme eine Landschaft erklärt worden, ein Ölgemälde im Neuen Palais bei Potsdam, das vermutlich zu den Erwerbungen Friedrichs des Großen gehört, der ein eifriger Verehrer Watteaus war und der dann auch seinen Erben den größten Schatz Watteauscher Gemälde hinterlassen

Abb. 36. Der Winter. Nach einer Radierung.

hat, den es auf der Welt gibt (Abb. 29). In jedem Zuge der Komposition, in dem stark in Schatten gelegten Vordergrunde, in der in den Vordergrund gerückten Staffage, in der Bauernhütte in der Mitte, in der dünnen Zeichnung der Baumstämme und ihres dürftigen Laubes, in der lichten, sonnenneud für den Zusammenhang Watteaus und seiner Schule mit Teniers. Dieser Gruppe von Werken aus Watteaus Frühzeit dürfen wir wohl auch eine landschaftliche Zeichnung im britischen Museum in London anreihen, die ebenfalls ein völlig vlämisches Gepräge zeigt (Abb. 30).

Abb. 37. Studie nach einem Cavalier. Nach einer Zeichnung im britischen Museum in London.
(Nach einer Originalphotographie von Braun, Clement & Cie. in Dornach i. E. und Paris.)

hellen Ferne, in jedem Pinselstriche erkennen wir Teniers wieder, nur daß es seinem Nachahmer noch nicht gelungen ist, die Zähigkeit der Farben zu überwinden und sie gleichmäßig bis zu der Tenierschen Eleganz zu vertreiben. Indessen ist neuerdings die Urheberschaft von Watteau bestritten und das Bild dem Schüler Watteaus, J. B. Pater, zugeschrieben worden. Immerhin ist und bleibt das Bild bezeich-

Da die Quellen über die erste Zeit nach Watteaus Rückkehr aus Valenciennes nach Paris völlig schweigen, wissen wir nicht, was er in der Zeit bis 1712, wo seine Spur wieder auftaucht, getrieben hat. Wer mutlich wird er, nachdem sich das Interesse an den Soldatenbildern und ländlichen Genrescenen erschöpft hatte, wieder zur dekorativen Malerei gegriffen haben. Denn es sind dekorative Bilder, mit denen wir

Watteau im Jahre 1712 beschäftigt finden. Er war — wir wissen nicht, durch wen — an den reichen Bankier Pierre Crozat, einen der größten und feinsinnigsten Kunstsammler des vorigen Jahrhunderts, empfohlen worden, und dieser trug ihm auf, für den Speisesaal seines Hôtels in der Rue Richelieu die Allegorien der vier Jahreszeiten zu malen. Wie alle dekorativen Malereien Watteaus sind auch diese verschwunden. Aber es sind uns die Maße ihrer ungewöhnlichen Größe (es waren ovale Bilder von 4 Fuß 5 Zoll Höhe und 3 Fuß zurückschreckt. Man wird die Allegorien des Sommers und des Winters vielleicht etwas gespreizt und frostig, zu „akademisch" im tadelnden Sinne des Wortes finden. Aber dieser leere Allegorienpomp lag im Geschmacke der Zeit, den damals Watteau noch nicht durch seinen eigenen zu überwältigen vermochte. Kann es dagegen etwas Anmutigeres geben als die jungfräuliche Gestalt des Frühlings in ihrer eleganten Zeichnung, in ihrer feinen Modellierung, die Schlankheit und Fülle zu einer wunderbaren Harmonie vereinigt? Und erkennen wir

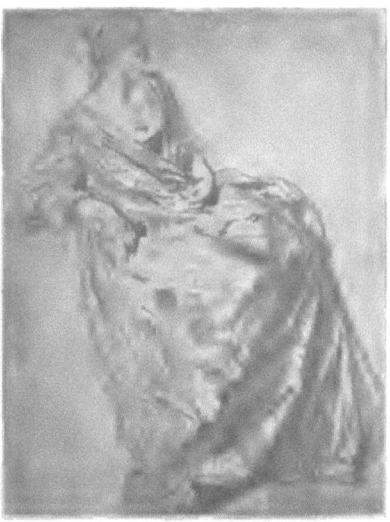

Abb. 38. Studie nach einer sitzenden Dame. Zeichnung im britischen Museum in London.
(Nach einer Originalphotographie von Braun, Clément & Cie. in Dornach i. E. und Paris.)

9 Zoll Breite), die Kompositionen in den Stichen, die vier Künstler danach ausgeführt haben (Abb. 31—34), und ein paar Entwürfe dazu erhalten. Wenn wir nach den Stichen die Fähigkeiten beurteilen, die Watteau damals erreicht hatte, sehen wir, daß alle Unbeholfenheiten in der Zeichnung abgestreift, alle Unsicherheiten in der Komposition überwunden sind. Ein völlig reifer Meister tritt uns entgegen, ein Künstler, der sich bereits sein eigenes Schönheitsideal geschaffen hat, ein geistvoller Erfinder, dem die Phantasie willig ihre reichsten Schätze spendet, ein Zeichner, der vor keiner Bewegung, vor keiner noch so gewagten Verkürzung nicht bereits auf dem Bilde des Herbstes in der zu Füßen des jugendlichen Bacchus hingestreckten Winzerin, die dem durstigen Gotte zutrinkt, eine der ständigen Teilnehmerinnen an den „galanten Festen"?

Bedeutsamer für den ferneren Entwickelungsgang Watteaus und seiner persönlichen Schicksale als diese Bilder sind die Bekanntschaften, die er im Hause des reichen Kunstmäcens machte. Im Hôtel Crozats wohnte seit 1707 der berühmte Historienmaler und Rektor der Akademie Charles de la Fosse, und es kann keinem Zweifel unterliegen, daß er von den Malereien seines jungen Kollegen Kenntnis genommen hat. Watteau,

Abb. 29. Studie nach einer Frau.
(Zeichnung in Pariser Privatbesitz.
Nach einer Originalphotographie von Braun, Clément &
Co. in Dornach i. E. und Paris.)

der bis 1709 als Gehilfe bei Audran gearbeitet hatte, hatte es, nachdem er sich selbständig gemacht, unterlassen, in die Malergilde einzutreten, um sich dadurch eine freie Ausübung seiner Kunst zu sichern. Er mußte jeden Augenblick gewärtig sein, daß ihm die Vorsteher der Zunft nicht nur das Handwerk legten, sondern ihn auch in Strafe nahmen. Solchen Maßregelungen konnte er sich nur entziehen, wenn er der Ehre gewürdigt wurde, in die königliche Akademie aufgenommen zu werden, deren Mitglieder von jeglicher Abgabe und Aufsicht befreit waren. De la Fosse scheint nun den jungen Künstler ermutigt zu haben, sich um die Mitgliedschaft zu bewerben. Das Protokoll der Akademie berichtet über den Vorgang in seiner geschäftsmäßigen Weise: „Heute, Sonnabend, am 30. Juli 1712, als die Akademie wie gewöhnlich versammelt war, hat sich der Herr Antoine Watau (so!), Maler, gebürtig aus Valenciennes, vorgestellt, um als Akademiker aufgenommen zu werden, und hat von seinen Arbeiten etwas vorgezeigt. Nachdem die Gesellschaft mit Bohnen abgestimmt hatte, hat sie die Vorstellung genehmigt. Der Gegenstand seiner Aufnahmearbeit ist seinem Belieben überlassen worden. Herr Coypel und Herr Varrois sind ernannt worden, um den genannten Herrn Watau während seiner Arbeit zu beaufsichtigen."

Das Protokoll erfordert eine Erklärung. Nach den Satzungen der Akademie mußte jeder, der sich um ihre Mitgliedschaft bewarb, zunächst einige Arbeiten vorweisen. Nach ihrer Besichtigung schritten die Akademiker in ihren regelmäßigen Sonnabendsitzungen zur Abstimmung. Fiel diese zugunsten des Bewerbers aus, so wurde ihm die Ausführung eines Bildes übertragen, deren Gegenstand die Akademie vorschrieb. Erst nachdem dieses „Aufnahmebild" zur allgemeinen Befriedigung ausgefallen, wurden dem Bewerber die Pforten der Akademie erschlossen. Damit kein Betrug verübt werden konnte, mußte es sich der Bewerber außerdem gefallen lassen, daß zwei Akademiker ihn während seiner Arbeit, die er im Louvre, dem Sitze der Akademie, unter Klausur auszuführen hatte, kontrollieren durften. Es ist bemerkenswert, daß die Akademie Watteau gegenüber in einem Punkte von ihren Satzungen abgab. Es wurde ihm kein bestimmtes Thema für sein Aufnahmebild vorgeschrieben, er durfte es nach freier Wahl des Gegenstandes ausführen, eine Ausnahme von der strengen Regel, die nicht einmal zugunsten seines Lehrers Gillot gemacht worden war. Man hat das allgemein als eine Auszeichnung betrachtet; vielleicht ist aber der Grund davon in der Gattung von Gemälden zu suchen, die Watteau der Akademie präsentiert hat. Das waren freie Erfindungen, „Phantasie Genre", wie es in der damaligen Kunstsprache hieß, mögen es nun Soldatenscenen oder bereits jene Schäferidyllen gewesen sein, mit denen Watteau seine Unsterblichkeit begründet hat. Da gab es also kein bestimmtes Thema vorzuschreiben, und es war immer schon eine Ehre, daß die würdevollen Akademiker, denen die Geschichtsmalerei als das Höchste galt, den jungen „Phantasiemaler" überhaupt zur Bewerbung zuließen.

Nach einer Notiz des Kunstsammlers und Kunstschriftstellers Mariette, eines nur um zehn Jahre jüngeren Zeitgenossen Watteaus, soll sich unter den Bildern, die der Künstler der Akademie vorgestellt hat, eines befunden haben, das uns in einem „Die Eifersüchtigen" betitelten Stich erhalten worden ist. Danach hätte Watteau schon im Jahre 1712 Bilder aus „der Welt der Phantasie und des Theaters" gemalt, und es entsteht nun die schwer zu beantwortende Frage, wie er auf diese Stoffe gekommen ist. Auch im Leben des genialsten Künstlers gibt es keine sprunghafte Entwickelung. Es geht alles langsam von Stufe zu Stufe vor sich, und wenn wir etwas Sprunghaftes, Urplötzliches zu sehen glauben, so liegt es meist nur daran, daß wir die Verbindungsglieder nicht kennen. Watteau insbesondere war in seiner Entwickelung, ganz im Einklang mit seinem vlämischen Naturell, eher langsam tastend als genial vorwärts stürmend. Es scheint denn auch, daß er vom Soldatenbild und von ländlichen Genrescenen allmählich zu Schilderungen aus der vornehmen Gesellschaft seiner Zeit emporgestiegen ist. An Zeugnissen dafür fehlt es nicht. Als solche möchten wir zunächst zwei Jahreszeitenbilder in Anspruch nehmen, die wir nach den Stichen reproduzieren (Abb. 35 und 36): eine Gondelfahrt auf einem stillen Wasser im Frühling und ein Wintervergnügen auf dem Eise. Die Trachten der Figuren entsprechen zum Teil noch der Mode der damaligen Zeit, zum Teil sind sie bereits dem Theater, insbesondere der Oper und dem Ballett entnommen. Aber die landschaftlichen Hintergründe mit ihren peinlich abgemessenen und detaillierten Bauwerken haben noch einen niederländischen Charakter. Man wird an die landschaftlich-architektonischen Prospekte des Holländers Jan van der Heyde erinnert, dessen Specialität solche stillen von Ufermauern eingefaßten Gewässer mit Schlössern, Pavillons, Alleen, Lauben und vornehmen Gesellschaften waren. Ein drittes Bild, bekannt unter dem Namen „Der Spaziergang auf den Wällen", ist mit jenen im landschaftlichen Hintergrunde, namentlich in den massigen Bauwerken von Türmen und Befestigungen, eng verwandt. Aber die Kostümierung der Figuren ist schon freier, theatermäßiger, und die Köpfe der jungen Damen und ihrer Amorosos tragen bereits völlig den Gesichtsschnitt und bei den Damen

Abb. 10. Gewandstudie.
Zeichnung im Louvre in Paris.
(Nach einer Originalphotographie von Braun, Clément & Cie. in Dornach i. E. und Paris.)

die schelmisch kokette, halb versagende, halb gewährende Miene, bei den Herren das schmeichelnde Liebeswerben und das nur mühsam bewältigte Verlangen, die für die eigentlichen Schäferstücke und Liebesidyllen Watteaus charakteristisch wurden. Einen Arm um die Taille der Angebeteten zu legen, war in diesen Kreisen, die nur in der idealen Welt heiteren Lebens- und Liebesgenusses, fröhlichen Behagens in der Natur lebten und schwelgten, etwas Selbstverständliches, gelegentlich auch ein indiskreter Blick über den Hals hinweg und in den Busen hinein, der nur wenig, höchstens durch eine Blume oder ein Pompon in der Mitte des Taillenausschnittes verhüllt wurde, bisweilen auch ein festerer Griff und dann ein Abschwenken des liebeseligen Paares in die verschwiegenen Gründe lockender Boskets.

Wenn wir nicht einen so großen Reichtum an Zeichnungen Watteaus nach der

Natur besäßen, würde man glauben, daß der schüchterne, weltfremde, unbeholfene Mensch, den seine schwache Körperbeschaffenheit, sein frühzeitig auftretendes Brustleiden nervös, launenhaft, mürrisch und ungeduldig machten, seine Typen aus der Phantasie geschöpft hätte. Seine Studien beweisen das Gegenteil. Er muß sich sehr viel in der Pariser Bevölkerung umgesehen haben, bis er die Gesichter und Gestalten traf, die ihm zahl sind es Frauen und Mädchen aus dem wohlhabenden Bürgerstande, an denen Watteau seine Studien gemacht hat, Leute, die mit der natürlichen Anmut der Französinnen auf eine gewisse Koketterie in der Kleidung Wert legen, ohne sich im übrigen durch die höfliche Mode beeinflussen zu lassen, namentlich in der Tracht des Haupthaars, die jede künstliche Beihilfe abwies und, gewissermaßen als Gegengewicht gegen die Perücken

Abb. 41. Studie nach einem lesenden Mädchen. Zeichnung im Louvre in Paris.
(Nach einer Originalphotographie von Braun, Clément & Cie. in Dornach i. E. und Paris.)

würdig erschienen, zu Bewohnern seiner arkadischen Gefilde, zu Trägern seiner Kostüme, zu Dolmetschern seiner Liebesbeteuerungen, die ihm selbst im Leben gewiß niemals geläufig gewesen waren, erhoben zu werden. Wir greifen aus diesem reichen Schatze Watteauscher Studien, die sich in viel größerer Zahl als seine Gemälde erhalten haben, etwa ein Dutzend heraus (Abb. 37—47). Nur ein kleiner Teil dieser Studien führt uns Herren und Damen in der Modetracht der vornehmen Stände aus der ersten Zeit der Regentschaft vor. In der Mehr- und Fontangenstil Ludwigs XIV., mit schlichter Natürlichkeit kokettierte. Als Watteau mit diesen Studien begann, war er noch viel zu jung und unbekannt, als daß er durch seine Bilder irgend einen Einfluß auf die Mode seiner Zeit hätte üben können. Sein Einfluß machte sich erst viel später geltend, eigentlich erst in der neuesten Zeit, wo die Pariser Schneider und Modistinnen bei ihrer Hetzjagd nach Neuigkeiten einmal auch „Watteau Falten", „Watteau Häubchen" und „Watteau Schlafröcke" in die Mode brachten. Der Künstler selbst war

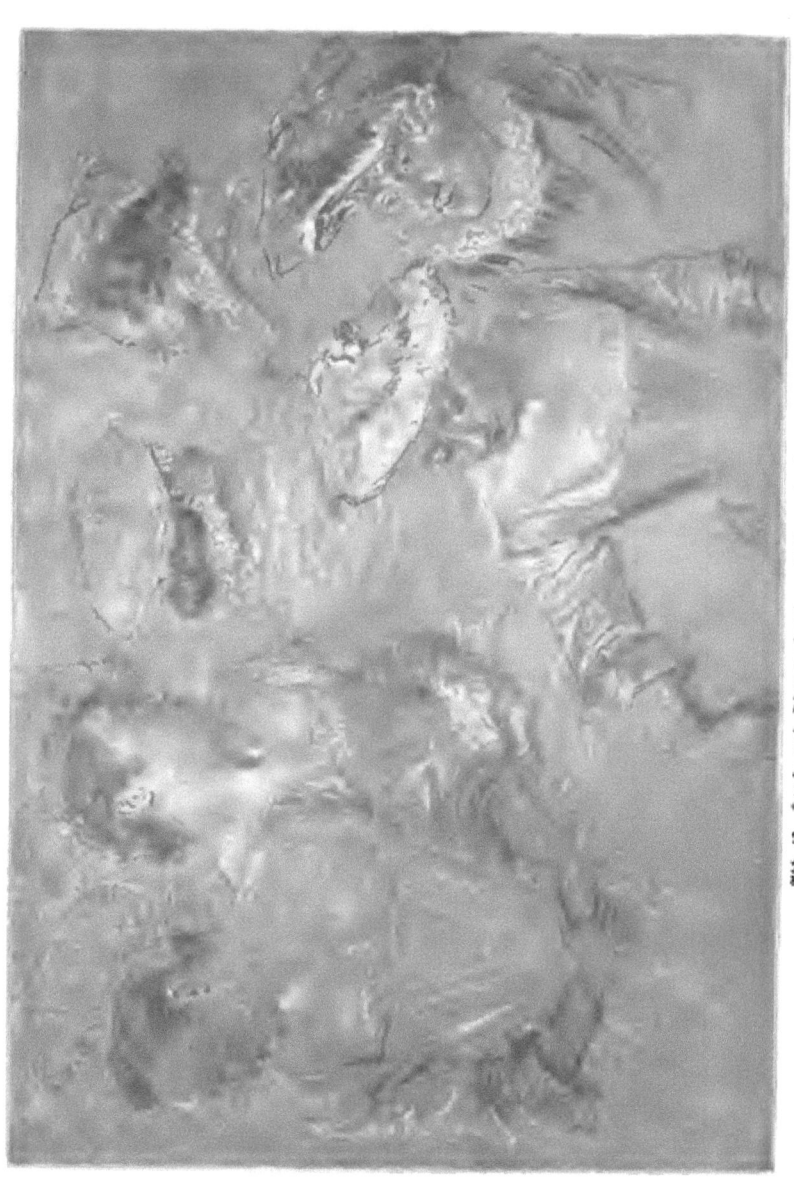

Abb. 42. Kopf- und Figurenstudien. Zeichnung im Louvre in Paris.
(Nach einer Originalphotographie von Braun, Clément & Cie. in Dornach i. E. und Paris.)

Abb. 43. Kopfstudien. Zeichnung im Louvre in Paris.
(Nach einer Originalphotographie von Braun, Clément & Cie. in Dornach i. E. und Paris.)

bei diesen Studien, so weit sie nicht direkt auf das Theater weisen, ein treuer Chronist seiner Zeit. Schon einer seiner Zeitgenossen schrieb im Jahre 1727: „Watteau hat sich an die wirklichen Trachten gehalten, so daß seine Bilder als die Geschichte der Moden seiner Zeit angesehen werden können."

Was wir an diesen Studien aber weit mehr als die Trachten bewundern, ist die Virtuosität der Zeichnung, mit der Watteau einen und denselben Kopf in verschiedenen geforscht. In diesen Schacht ist er nicht eingedrungen. Aber innerhalb des Gebiets der zärtlichen Empfindungen und der sanften Erregungen war er der gründlichste Kenner, den es jemals unter bildenden Künstlern gegeben hat. Wenn man die Zeichnungen, die er hinterlassen hat, einem näheren Studium unterzieht, begreift man wohl das Urteil seines Biographen Gersaint, der von ihm gesagt hat, daß die Zeichnung der Teil seiner Kunst gewesen

Abb. 44. Zwei Studienköpfe. Zeichnung im Britischen Museum zu London.
(Nach einer Originalphotographie von Braun, Clément & Cie. in Dornach i. E. und Paris.)

Wendungen, in verschiedenen Ausdrucksformen und Stimmungen, bald nach rechts, bald nach links gekehrt, bald aufwärts, bald niederblickend, bald in unbefangener Naivität, bald schelmisch lächelnd, bald schmollend und leicht gekränkt, wiederzugeben verstand. Man hat fast immer die Empfindung, als hätte Watteau schon bei diesen Studien an die Bilder gedacht, die später daraus entstehen sollten: die Lippen dieser sonnenhaften Schönen sind oft zum Kuß gespitzt, oft aber auch zu boshaftem Spott oder zu thränendrohendem Schmollen verzogen. Nach tiefen Leidenschaften hat Watteau niemals ist, worin er sich am meisten hervorgethan hat.

Über die Chronologie dieser und anderer Zeichnungen läßt sich ebensowenig etwas Sicheres feststellen, wie über die Reihe der Bilder, die in der Zeit zwischen seiner Bewerbung um die Mitgliedschaft der Akademie und die Ablieferung seines Aufnahmebildes, das sehr lange auf sich warten ließ, entstanden sein müssen. Denn dieses Aufnahmebild, die berühmte „Einschiffung nach der Insel Cythere", stellt sich als die feinste Blüte einer längeren Entwickelungsreihe dar. Dohme hat wenigstens den Versuch gemacht, einige Hauptmomente dieser Entwickelungsreihe festzustellen. Aber auf die Frage, durch welche unmittelbaren Eindrücke Watteau zu dieser Art von Gegenständen gelangt ist, hat er so wenig wie alle anderen Forscher eine bestimmte Antwort geben können. Man ist nur auf Vermutungen angewiesen, die alle darauf hinauslaufen, daß die gleichzeitige Litteratur, besonders die Schäfergedichte, die „Pastorales" und das Theater zusammengewirkt haben, um Watteau zunächst auf die Schilderung einfacher ländlicher Scenen zu bringen, deren Acteurs aus dem Kreise der poetisch zugestutzten Hirten, den arkadischen Schäfern gewählt waren. Als dasjenige Bild, in welchem „zum erstenmale die Elemente des besonderen Watteauischen Stils klar hervortreten", nennt Dohme „Die Hirten" im Neuen Palais zu Potsdam: in der Mitte des Vordergrundes ein tanzendes Paar, dem links ein alter Hirte im langen, zottligen Haar aufspielt, während junge Mädchen und Jünglinge dem Tanze zusehen. Im Hintergrunde links läßt sich eine Dame von ihrem Verehrer schaukeln. Man sieht die Silhouette ihrer Figur mit dem bauschigen Kleide in einem Durchblick zwischen Bäume.

Das ist bereits ein echt Watteauisches Motiv, das er später selten auf seinen Bildern fehlen ließ. Rechts dehnt sich die Landschaft weit in die Ferne aus: im Vordergrunde sind Garbenbündel aufgerichtet, dann sieht man einen wirklichen Schäfer mit seiner Herde und im Hintergrunde ein Dorf mit dem hochragenden Kirchturm, ein bekanntes Wahrzeichen Teniersscher Bilder. Es sind also noch reale und phantastische Elemente gemischt. Im Kolorit zeigen sich noch manche Schwächen und Unsicherheiten. Die Malweise ist derb, die Farben sind noch zu zäh aufgetragen, und im Fleischton zeigt sich ein unerfreuliches kaltes Grau. Verwandt mit diesem Bilde sind die auch im Inhalt ähnlichen „Belustigungen der Hirten", die der Herzog von Aumale im Schloß Chantilly besitzt, die im Original nicht mehr erhaltenen Darstellungen, die unter dem Namen „Der Contretanz", „Das vergängliche Anerbieten" und „Der Zeitvertreib" gestochen worden sind und das unter dem Titel „Le faux pas" bekannte Bildchen in der Sammlung Lacaze im Louvre zu Paris.

Dieses Bild ist für die koloristische Entwickelung Watteaus ungemein lehrreich, weil es durch einen unverständigen Restaurator so stark verputzt worden ist, daß die Untermalung klar zu Tage tritt. Hier erfahren wir, auch wenn wir es nicht aus seinen eigenen Worten wüßten, ein wie gelehriger Schüler von Rubens Watteau gewesen ist. Wie der Antwerpener Meister, liebte auch Watteau eine kräftige, pastose Untermalung in breiten Strichlagen. Um den Fleischton recht blühend und lebenswahr zu machen, trug er starke Schichten von Rot auf, die er dann, nachdem sie trocken geworden, so zart übermalte, daß das Rot durch das Email der Oberfläche hindurchschimmerte. So hätte man auch von ihm, wie von seinem großen Vorbilde sagen können, daß er Blut unter seine Farben gemischt hätte.

Schon im Luxemburg-Palast hatte Watteau, wie wir oben gesehen haben, Gelegenheit und Muße gehabt, in das Studium von Rubens einzudringen. Mit vollem Eifer und Behagen konnte er sich diesem Studium, das ihn sein ganzes Leben hindurch begleitet hatte, aber erst dank der Liberalität des schon genannten Banquiers Crozat widmen, mit dem er bereits 1712, als er für einen Saal seines Hotels in der Rue Richelieu die Allegorien der vier Jahreszeiten malte, bekannt geworden war. Der Bau dieses Hotels war von dem Architekten Cartaud 1704 begonnen worden, und etwa um das Jahr 1715 stand es mit seiner inneren Ausschmückung und Einrichtung vollendet da. Bevor Pierre Crozat es bezog, hatte er noch eine lange Reise nach Italien unternommen, während der er auf die Vermehrung seiner Kunstschätze bedacht gewesen war. Zu Ende des Jahres 1715 war er wieder in Paris, um sich des Erworbenen im Verkehr mit geistvollen Männern und Frauen und mit Künstlern jeder Art zu erfreuen. Crozat war nicht bloß ein Kunstsammler in großem Stil, sondern auch ein Kunstmäcen, der es sich angelegen sein ließ, junge Talente zu fördern und sie durch seine Großmut der Sorgen um das tägliche Leben zu überheben. Er bot auch Watteau ein Asyl in seinem palastartigen Hause, wo er für seine Kunstsammlungen eine Galerie und einen achteckigen Saal nach dem Muster der Tribuna in den Uffizien hatte erbauen lassen,

Abb. 45. Kopfstudien. Zeichnung von Lembre in Paris.
(Nach einer Originalphotographie von Braun, Clément & Cie. in Dornach i. E. und Paris.)

und nun konnte Watteau, der hier zum
erstenmale aus dem Becher des Lebensgenusses in vollen Zügen schöpfen durfte,
nach Herzenslust mit seinen geliebten Meistern verkehren. Crozats Sammlungen um-
faßten vierhundert Gemälde, unter denen
besonders solche der ersten venetianischen
Meister vertreten waren, etwa ebensoviele
Skulpturen, eine auserlesene Zahl geschnit-
tener Steine, Kupferstiche und eine enorme
Zahl von Handzeichnungen der Meister aller
Schulen, die sich bei seinem Tode auf 19000
Blätter belief. Etwa eine halbe Million
Franken hatte Crozat auf diese Sammlungen
verwendet. Unter den Zeichnungen befanden
sich 316 von Rubens und 95 von Tizian,
und von letzteren waren es besonders 16
Landschaften, die nach dem Urteil des seinen
Kunstkenners Mariette eine ganz hervor-
ragende Bedeutung hatten.

Während Watteau hier die Bekanntschaft
mit Rubens erneuerte und vertiefte, trat
ihm Tizian zum erstenmale entgegen, und
der Eindruck, den er von ihm empfing, war
so überwältigend, daß er sich nicht bloß
damit begnügte, die Handzeichnungen des
Meisters in der Crozatschen Sammlung zu
kopieren, sondern auch in seiner Art zu
malen begann. Ein interessantes Beispiel
dieses Wetteifers mit Tizian ist uns in einem
Bilde der Sammlung La Caze im Louvre
erhalten, welches die in einer Landschaft
im Schutze der Abenddämmerung schlum-
mernde Antiope darstellt, an die der liebes-
durstige Jupiter in der Gestalt eines Satyrs
herangeschlichen ist. Mit der Rechten zieht
er den Schleier hinweg, das letzte Gewand,
das den Körper der schönen Schläferin
verhüllt hat (Abb. 48). Sowohl in der
Landschaft, die nur noch matt durch die
letzten rötlichen Strahlen der untergehenden
Sonne erhellt wird, als in der Modellierung
und der kräftigen koloristischen Behandlung
des nackten Körpers macht sich der Einfluß
Tizians geltend. Nur ist der Fleischton
etwas kühler; er erinnert mehr an Rubens,
den Watteau niemals vergaß, auch wenn
er gelegentlich andere Vorbilder auf sich
wirken ließ. Mit der „Antiope" verwandt
ist eine kleine Skizze derselben Sammlung,
eine Allegorie des Herbstes, deren ovale
Gestalt darauf deutet, daß sie der Entwurf zu einem dekorativen Wandgemälde
ist (Abb. 49). Eine auf Holz gemalte

Abb. 46. Studie nach einem Manne.
Zeichnung in Pariser Privatbesitz.
(Nach einer Originalphotographie von Braun, Clément &
Cie. in Dornach i. E. und Paris.)

zweite Skizze der Sammlung La Caze, das
Parisurteil, bewegt sich dagegen wieder
völlig in Rubens' koloristischer Ausdrucksweise. Aber nicht bloß sie — gelegentlich
ahmte Watteau auch die ganze Formensprache
des Antwerpener Meisters nach, was besonders auffällig in seinen wenigen religiösen
Gemälden zu Tage tritt, von denen wir
nur eine an einem Gewässer ruhende heilige
Familie citieren, wo der Nährvater dem
heiligen Kinde ein Täubchen zum Spielen
reicht. Zum Überfluß liegt noch ein direktes
schriftliches Zeugnis Watteaus vor, das von
der hohen Verehrung, der begeisterten Liebe
spricht, die er für Rubens empfand. Es ist ein
leider undatierter Brief an Herrn de Julienne,
einen reichen Kunstsammler und Mäcen,
den er etwa zu gleicher Zeit wie den Ban-
quier Crozat kennen lernte, zu dem er aber
in engere freundschaftliche Beziehungen trat,

die bis zu seinem Tode dauerten. Der Brief, einer von den vier, die uns überhaupt von Watteau erhalten sind, hat folgenden Wortlaut: „Mein Herr! Es hat dem Herrn Abbé von Noirterre gefallen, mir jene Leinwand von Rubens zu schicken, pfindet, zu meinen Gunsten einer so seltenen Malerei wie dieser entäußert. Seit dem Augenblicke, wo ich sie empfangen habe, habe ich keine Ruhe mehr, und meine Augen werden nicht müde, sich zu dem Pulte zu wenden, wo ich sie wie auf einem Taber-

Abb. 47. Studie nach einem jungen Mädchen. Zeichnung in Pariser Privatbesitz
Nach einer Originalphotographie von Braun, Clement & Co. in Dornach i. E. und Paris.

worauf sich die beiden Engelsköpfe befinden und darunter auf einer Wolke eine in Nachdenken versunkene Frau. Nichts hätte mich sicherlich glücklicher machen können, wenn ich nicht überzeugt wäre, daß sich Herr von Noirterre nur wegen der Freundschaft, die er für Sie und Ihren Herrn Neffen em-

nakel aufgestellt habe. Man kann nicht leicht zu der Überzeugung kommen, daß Rubens jemals etwas Vollendeteres geschaffen hat als dieses Bild. Sie werden die Güte haben, mein Herr, meinen aufrichtigen Dank dem Herrn Abbé de Noirterre zu übermitteln, bis ich ihm selbst meinen Dank aussprechen kann. Ich werde die nächste Post nach Orléans benutzen, um ihm zu schreiben und ihm das Bild der Ruhe der heiligen Familie zu schicken, das ich ihm aus Dankbarkeit widme. Ihr sehr zugethaner Freund und Diener, mein Herr!

A. Watteau."

Es ist wahrscheinlich, daß jenes oben erwähnte Bild der in einer heiteren Landschaft der Ruhe genießenden heiligen Familie, das uns sowohl im Original, leider nur wenigen Bevorzugten sichtbar, im

sieben Jahren aus englischem Privatbesitz auftauchte und von Herrn Stephan Bourgeois in Paris angekauft wurde. Paul Mantz nennt das Bild „ein Wunder in der Färbung und Beleuchtung, das des berühmtesten Museums würdig wäre." Die Göttin sitzt auf einer weißen Draperie, die zum Teil ihr Gewand bedeckt, dessen lebhaftes Rosenrot nicht nur auf den schönen Körper der Göttin reflektiert, sondern auch seine Strahlen in das goldige Grün der Umgebung wirft. Zu der schlanken Jägerin

Abb. 48. Jupiter und Antiope. Nach dem Gemälde in der Sammlung La Caze im Louvre in Paris.

Schlosse Gatschina bei St. Petersburg als auch durch einen Stich erhalten ist (Abb. 50), dasselbe war, das Watteau dem hochherzigen Spender des Rubensschen Bildes als Gegengeschenk übersandt hat. Jedenfalls ist es ein auffallendes Zusammentreffen, daß auch auf dem Watteauschen Bilde zwei geflügelte Engelsköpfe so in den Wolken schweben, wie es sein Brief in Bezug auf das Gemälde von Rubens andeutet.

Ganz im Rubensschen Stile ist auch die „Diana im Bade" gehalten, die uns lange Zeit nur durch den Stich bekannt gewesen war, bis sie vor etwa

hat Watteau eine Naturstudie gemacht, die uns in einer Zeichnung der Albertina erhalten ist. Es ist der Watteausche Typus der schlanken Frauengestalten in seiner feinsten Ausbildung; die massige Fleischfülle eines Rubens wird durch den hohen Wuchs ausgeglichen, auf alle Glieder gleichmäßig verteilt. Was früher Watteau auf seinen Bildern fast ängstlich verbarg — Hände und Füße hat er nunmehr gründlich zeichnen gelernt. Seine Nachahmer kümmerten sich darum weniger, und so sanken die Watteauschen Gestalten unter den schnellen Händen Lancrets und Bouchers bald zu inhaltslosen

4*

Schatten, zu galanten, oft auch frivolen Phrasen herab.

Dem Kreise dieser Bilder, die unter der Einwirkung von Tizian und Rubens entstanden sind, gehören auch „Der entwaffnete Amor" im Musée Condé in Chantilly (Abb. 51) und die „Vergnügungen Cytherens" an, die wir nur noch aus dem Stiche kennen (Abb. 53). Wenn wir die letzte Komposition betrachten, denken wir, schon durch den Namen „Cythere" (richtiger: Cytherea), den von den alt römischen Sängern der Liebe in Umlauf gebrachten und von der galanten Poesie des 18. Jahrhunderts mit Freuden aufgenommenen Beinamen der liebreizenden Aphrodite, veranlaßt, an das berühmte Meisterwerk Watteaus, an die „Einschiffung nach der Insel Cythere." Von dem seligen Liebesleben, das die Passagiere auf diesem Eiland erwartet, gibt dieses Bild eine Vorstellung, und es scheint fast, als ob der kleine geflügelte Knabe, der rechts im Mittelgrunde am Baume steht, mit Ungeduld des Augenblicks harrt, wo sich ein Boot mit Liebespaaren dem Strande der glücklichen Insel nähert.

In dem sorgenlosen Jahre, während dessen Watteau die Gastfreundschaft Crozats

Abb. 49. Der Herbst. Nach einer Ölskizze in der Sammlung La Caze im Louvre in Paris.

genoß, hat er freilich kaum daran gedacht, mit einem Bilde, das die Abfahrt zur Insel Cythere darstellen würde, endlich seiner Pflicht gegen die Akademie zu genügen. Obwohl jährlich eine dringende Mahnung von seiten der Akademie erfolgte, ließ er sich aus dem stillen Weben seiner Phantasie nicht aufscheuchen. Er hatte endlich sein Genre gefunden. Aus den Hirtenidyllen erwuchsen allmählich die geselligen Zusammenkünfte von jungen Herren und

Abb. 50. Die heilige Familie. Nach einer Radierung.

Damen, die galanten Feste im Freien, bei denen nur Venus und Apollo, der Gott des Saitenspiels, sehr selten Bacchus den Vorsitz führen. Älteren Frauen und Männern hat Watteau den Zutritt zu seinen imaginären Salons unter freiem Himmel verschlossen. Wenn solche erscheinen, sind es nur herumwandernde Wahrsagerinnen und Ärzte, die Watteau mit ebenso grimmigem Hasse verfolgte wie Molière, weil ihre Kunst bei dem armen Schwindsüchtigen machtlos war. Es gibt nur drei oder vier Bilder Watteaus, deren Figuren sich in einem geschlossenen Raume bewegen. Man kann danach ermessen, wie sehr der Unglückliche, der wie jeder Mensch seinen Teil am Lebensgenuß haben wollte und dennoch sozusagen als Zaungast auf die reich besetzte Tafel blicken mußte, nach Luft und Licht gerungen hat.

Pierre Crozat besaß ein Landhaus, dessen früherer Besitzer der berühmte Maler Charles Lebrun gewesen war. Obwohl er das Haus von dem Architekten Cartaud, dem Erbauer des Hotels in der Rue Richelieu, hatte erneuern und umgestalten lassen, waren die Gärten so geblieben, wie sie Lebrun nach seinen Plänen angelegt hatte. „Es waren nur Terrassen mit Ausblicken auf das Land, Rasenplätze, Springbrunnen mit Cascaden und hier und da Balustraden und Säulengänge, zu denen Lebrun selbst die Zeichnungen angefertigt hatte." Watteau war ein häufiger Besucher dieses Landhauses, und in seinem Garten hat er viel studiert. Hier fand er den Hintergrund, die Umgebung für seine Parkfeste, die er freilich sozusagen mit den Augen Tizians ansah, die er mit venetianischer Farbenglut erfüllte. Mariette bezeugt ausdrücklich, daß er das Motiv zu einer seiner Landschaften, die unter dem Namen „Die Perspektive" gestochen ist, dem Crozatschen Park entlehnt hat. Er hat die Welt also nicht bloß in ihrem falschen Widerscheine auf der Bühne kennen gelernt, und seine Menschen sind auch keineswegs, wenn sie nicht als solche bezeichnet sind, Komödianten, sondern Herren und Damen aus den vornehmen Kreisen, in denen er bei Crozat und de Julienne verkehrte und die er nur in ihre phantastischen Kostüme steckte. Oft genug blicken uns scharf ausgeprägte Porträtzüge aus dem Mummenschanz entgegen.

Als eine der ersten Früchte dieser Umwandlung, die durch die Studien bei Crozat in Watteaus Schaffen vor sich gegangen ist und die ihn dann zu dem Genre geführt hat, dem er seinen unvergänglichen Ruhm in der Kunstgeschichte verdankt, haben wir das köstliche Bild im Besitze des deutschen Kaisers zu nennen, das nach der Unterschrift unter dem Stiche „Die friedvolle Liebe" (L'amour paisible) (Abb. 52) heißt. Hier sehen wir zum erstenmale den eigentlichen Watteau vor uns, dem die Darstellung eines heiteren, unbefangenen Lebensgenusses inmitten einer anmutigen Natur, einer parkartigen Landschaft mit weitem Ausblick auf benachbarte Hügel und entfernte Wälder und Berge, durch die sich kleine Flüsse winden, als das oberste Ziel seiner Kunst gilt. Zu drei Liebespaaren hat sich als unumgänglich notwendiger Begleiter ein Lautenspieler gesellt, der ein Liebesliedchen klimpert, bei dessen zärtlichen Klängen der hinter ihm im Grase lagernde Amoroso die kühle, noch halb versagende, aber auch schon halb geschmolzene Sprödigkeit seiner Dame völlig zu besiegen sucht. Das Paar im Vordergrunde links ist bereits miteinander einig geworden und schickt sich zu einem Spaziergange durch die lauschigen Waldesgründe an, während zwischen dem dritten Paar ebenfalls noch nicht völlige Übereinstimmung der Neigungen zu herrschen scheint. Aber das sind nur alles kleine, vorübergehende Koketterien, Reflexe jener Intriguen und Neckereien, die Watteau in der lustigen Pariser Gesellschaft unter der Ägide des liebenswürdigen und geistreichen, aber sittenlosen und genußsüchtigen Regenten genügend beobachtet hatte und in ihrer Nichtigkeit kennen gelernt hatte. Die Menschen, die er in seine Parks, in seine Boskette und auf seine Rasenflächen stellte, scheinen jeder niedrigen Leidenschaft, aber auch jeder Sorge um die Zukunft entrückt zu sein. Und so läßt sich auch die galante Gesellschaft auf unserem Bilde in ihren Liebeleien nicht durch den Blick auf das Hochgericht stören, das aus der Mitte des Bildes, vielleicht sogar dicht vor dem einsamen Häuschen des Henkers, in die sonnige Landschaft hineinragt. Nicht bloß in der Komposition und in den Typen zeigt sich der echte Watteau, sondern auch in der eigenartigen Behandlung der Gewänder, deren feine, knitterige Falten

Abb. 51. Der entwaffnete Amor. Nach einem Stich.

darauf hindeuten, daß diese lang schleppenden Kleider, diese Jäckchen, Wämser, Mäntelchen und Baretts aus Taffet gearbeitet sind. Dieses leichte, brüchige Seidenzeug blieb fortan Watteaus Lieblingsstoff. Auf der Höhe der Falten konnte er seine Lichter zittern lassen, und das glänzende Zeug konnte jenes Kaleidoskop farbiger Reflexe widerspiegeln, das Watteau zuerst auf den Prachtgewändern der Rubensschen Ceremonienbilder im Luxembourgpalaste studiert hatte. Es ist der Stoff, den unser Heinrich von Kleist in seinem „Käthchen von Heilbronn" als „Schillertaft" bezeichnet und von dem er sehr treffend sagt, daß er „zwei Farben spielt und weder ja sagt noch nein," ganz wie die spröden Schönen Watteaus.

Das einzige, was dieses Bild noch vermissen läßt, um uns den ganzen Watteau vor Augen zu stellen, ist ein Mangel in der Behandlung der Köpfe. Obwohl es dem Künstler nicht gerade auf eine tiefe Beseelung oder gar auf die Veranschaulichung leidenschaftlicher Empfindungen ankam, wollte er doch, daß die Köpfe seiner Figuren wenigstens malerisch das unruhige Schillern der Gewänder und die unbestimmten, schummerigen Hintergründe beherrschten. Er verfiel auf das Mittel, ihnen durch eine zarte Untermalung in Rosa oder Rotbraun und durch ein starkes Impasto in Weiß einen emailartigen Glanz zu verleihen, und dieser koloristischen Erfindung, die das Eigentum Watteaus und für die Werke aus der Zeit seiner höchsten Meisterschaft charakteristisch geworden ist, begegnen wir zuerst in einem um 1715 gemalten, unter dem Titel „La Mariée de village" (Die junge Frau bei der Hochzeit auf dem Dorfe) gestochenen Bilde, das sich im Schlosse zu Sanssouci befindet, leider in einem Zustande, das eine Reproduktion des Gemäldes verbietet, obwohl es schon wegen seiner großen Zahl von Figuren (über hundert) ein Hauptwerk des Künstlers ist. An der Verderbnis dieses Gemäldes, die, wie aus einer Rechnung von 1750 hervorgeht, schon damals festgestellt worden war, so daß eine Restauration nötig wurde, trägt er selbst die größte Schuld. Er war ein Schnellmaler, wie alle Kranken, die nur noch eine kurze Zeit des Lebens vor sich sehen, und dabei in dumpfen Stunden unlustig und müßig. Einer seiner Biographen erzählt, daß er seine Palette mit den eingetrockneten Farben verstauben ließ, und wenn ihn dann wieder die Lust überkam zu malen, so suchte er die eingetrockneten Farben durch dickflüssiges Leinöl wieder brauchbar zu machen. Daraus erklärt es sich, daß viele Bilder Watteaus frühzeitig zu Grunde gegangen sind und die Oberfläche der erhaltenen fast ohne Ausnahme mit einem Netz unzähliger Risse und Sprünge bedeckt ist, aus denen nur das Email der Köpfe unversehrt hervorleuchtet.

Für diese Nachlässigkeit in der technischen Behandlung entschädigt aber reichlich die poetische Durchgeistigung und Verklärung des Kolorits und vor allem die poetische Erfindung, so daß man Watteaus Bilder aus der Zeit seiner Reise wirklich „gemalte Gedichte" nennen kann. Wie solche wirken besonders die köstliche „Liebeslehre" (Leçon d'amour, Abb. 54) und „Das Konzert" (Abb. 55), die beide von Friedrich dem Großen in Paris angekauft worden und seitdem im Besitz des preußischen Königshauses geblieben sind. Beide Bilder sind ungefähr gleichzeitig entstanden, und wenn die „Liebeslehre" dem „Konzert" auch in der Sorgsamkeit der technischen Durchführung überlegen ist, so üben doch beide durch den Reiz der Beleuchtung, wie sie ein sommerlicher Spätnachmittag bietet, einen gleichen Zauber aus. Die Baumgruppen und Wiesenpläne im Vordergrunde liegen bereits im Schatten: aber aus der Ferne leuchtet und blitzt das goldige Licht der zum Untergang neigenden Sonne noch weit in den Mittelgrund hinein, so daß sich die Gestalten der beiden Mandolinenspieler in scharfen Umrissen, in ungewöhnlich starker plastischer Modellierung von dem lichten Hintergrund abheben. Das Vergnügen an der Musik ist das Thema, das beiden Bildern zu Grunde liegt, nur mit dem Unterschiede, daß auf dem „Konzert" der Lautenspieler nicht allein die Kosten der musikalischen Unterhaltung trägt, sondern daß auch die vor ihm im Grünen gelagerte Gesellschaft daran mit Gesang und Saitenspiel teilnimmt, und das Cello, das an den Schemel gelehnt ist, auf dem der Lautenspieler seinen Fuß gesetzt hat, deutet darauf hin, daß einer von den Paaren, die sich im Mittelgrunde Galanterien austauschen, das Quartett vervollständigen wird. Das Cello war auch,

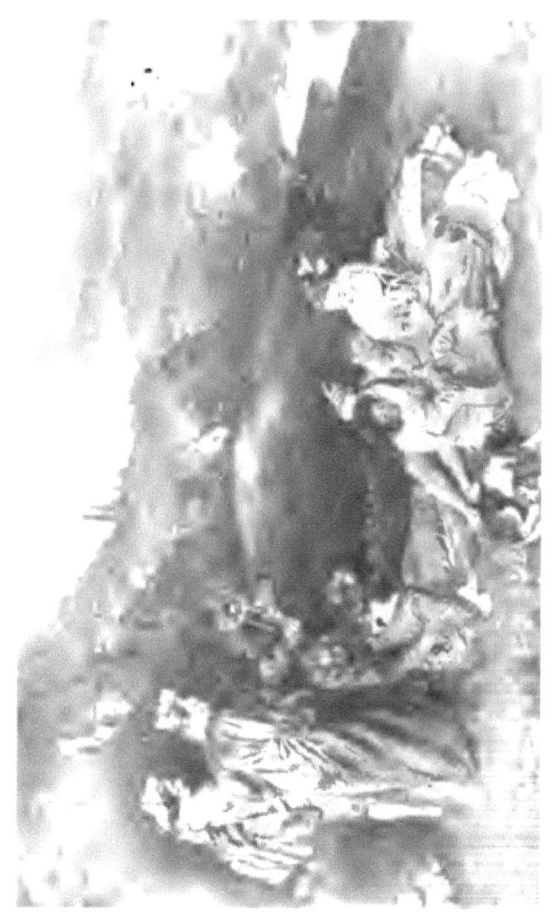

wie wir später sehen werden, das Lieblings-
instrument des Herrn von Julienne, zu dem
Watteau schon um 1715 in freundschaft-
lichen Beziehungen stand.

sitze des preußischen Königshauses. Es ist
nächst der „Dorfhochzeit" Watteaus figuren-
reichste Komposition aus dieser Zeit, und
daß er selbst große Mühe darauf verwandt

Abb. 58. Die Vergnügungen Cytherens. Nach einem Stich.

Das Hauptwerk, das Watteau vor seinem
berühmten Meisterbilde der Einschiffung nach
der Insel Cythere geschaffen hat, ist wohl
die „galante Gesellschaft im Freien" (L'as-
semblée galante, Abb. 56), ebenfalls im Be-

hat, beweisen die Vorstudien dazu, von denen
unsere Abb. 57 mehrere bietet. Lauten-
spiel und Gesang bilden auch hier den
Vorwand für die Zusammenkunft liebender
Paare; aber noch ehe sich der Lautenspieler

und die Sängerin verständigt haben, schicken sich die Paare an, nach verschiedenen Richtungen auseinander zu flattern und das Dunkel schützender Baumgruppen aufzusuchen, wo sie ungestört zärtliche Zwiesprache pflegen können. Das Bild ist nicht ganz vollendet worden. An vielen Stellen fehlen die letzten Lasuren, und darum gewährt es einen höchst interessanten Einblick in das technische Verfahren des Künstlers, namentlich in die Art, wie er die weißen Lichter

Antoine Coypel ausgeführt werden. Seit 1712 wartete die Akademie vergebens auf das Erscheinen Watteaus. Aber erst am 5. Januar 1714 richtete sie an den damals tief in seine Studien versunkenen Künstler die Aufforderung, ihr die Ursachen seiner Nachlässigkeit mitteilen zu wollen. Watteau, der im Gegensatz zu seinen Kollegen des 19. Jahrhunderts sehr schreibfaul gewesen zu sein scheint, nahm sich nicht einmal die Mühe, darauf zu antworten. In der ersten

Abb. 54. Die Liebeslehre. (Nach dem Gemälde im Besitz des deutschen Kaisers. Nach einer Originalphotographie von Braun, Clément & Cie in Dornach i. E. und Paris.)

mit breitem, flüssigem Pinsel auf die Rücken der Gewandfalten aufsetzte, um nachher, mit Hilfe von Lasuren, den schillernden Glanz der brüchigen Seide herauszubringen (Abb. 58).

Aus diesen und anderen Experimenten wurde Watteau endlich durch den Zwang herausgerissen, mit dem ihm die Akademie drohte, die seiner Säumigkeit allgemach überdrüssig geworden war. Das Aufnahmebild, das Watteau zu malen hatte, mußte nach den Satzungen der Akademie in ihrem Sitze, im Louvre selbst, unter der Aufsicht der schon erwähnten Maler Bartois und

Sitzung des Jahres 1715 kam die Angelegenheit abermals zur Sprache, und es scheint, daß irgend ein Mitglied der Akademie ein gutes Wort für Watteau einlegte. Denn wir erfahren aus den Sitzungsprotokollen, daß ihm am 25. Januar 1716 abermals der Ablieferungstermin verlängert wurde. Dasselbe geschah am 9. Januar 1717, aber diesmal nur um einen Monat, der vielleicht auch noch um ein beträchtliches überschritten wurde. Als sich Watteau endlich entschloß, sich in die Klausur der Akademie zu begeben, folgte er der glücklichsten Eingebung seines Lebens. Er arbeitete unter seinem inneren Zwange; in wenigen Wochen strich er eine der genialsten Skizzen hin, die die Kunstgeschichte aller Zeiten kennt, und die Akademie stand, als sie sich am 28. August 1717 zur Abstimmung über die Aufnahme Watteaus in ihren Schoß versammelte, einem Meisterwerke gegenüber, das die lange Reihe der bisherigen „Aufnahmebilder" verdunkelte und schon nach einem Jahrhundert seinem Schöpfer den Ruhm der Unsterblichkeit begründete.

üblichen Art hatte abstimmen lassen, hat sie den genannten Herrn Watteau als Akademiker aufgenommen, so daß er die mit diesem Stande verknüpften Vorrechte genießen kann, indem er aber zugleich auch den Satzungen der Akademie gehorcht, was er gelobt hat, indem er den Eid in die Hände des Herrn Coypel, Hofcavaliers und ersten Malers des Königs und Sr. Königlichen Hoheit des Herzogs von Orleans, der heute der Versammlung präsidierte. Was

Abb. 55. Das Konzert. Nach dem Gemälde im Besitz des deutschen Kaisers.
(Nach einer Originalphotographie von Braun, Clément & Cie. in Dornach i. E und Paris.)

Das Protokoll jener denkwürdigen Augustsitzung, worin zuerst von der „Einschiffung nach der Insel Cythere" die Rede ist, klingt freilich äußerst trocken. Es lautet in seinem geschäftsmäßigen Aktenstil: „Heute, Sonnabend den 28. August 1717, hat die Akademie eine Generalversammlung abgehalten. Herr Antoine Watteau, Maler, geboren in Valenciennes und am 30. Juli 1712 zur Bewerbung um die Mitgliedschaft zugelassen, hat das Gemälde bringen lassen, das ihm für seine Aufnahme aufgetragen worden war und das ein galantes Fest darstellt. Nachdem die Akademie in der

das Geldgeschenk betrifft, so ist es auf die Summe von hundert Livres ermäßigt worden." Mehr als das Protokoll sagen uns aber die Unterschriften. Aus ihnen geht hervor, daß die Akademiker in ganz ungewöhnlicher Zahl zur Abstimmung herbeigekommen waren, sei es aus Neugier, sei es aus wirklicher Teilnahme, und da Watteau, der nunmehr selbst Mitglied der Akademie geworden war, schon das Protokoll über seine eigene Aufnahme unterzeichnen durfte, ist es ein merkwürdiges Zusammentreffen, daß unmittelbar hinter seinem Namen der seines früheren Arbeitgebers Claude

Gillot folgt, der sonst ein sehr seltener Besucher der Akademiesitzungen war, da er des Sonnabends immer viel mit der Abrechnung des Wochenlohns für seine Gehilfen zu thun hatte. Vermutlich war inzwischen der Groll geschwunden, der die beiden talentvollen Menschen vor Jahren getrennt hatte, und Gillot suchte etwas darin, seine Neidlosigkeit gegenüber den Erfolgen seines jüngeren Nebenbuhlers öffentlich zu bezeugen.

Aus dem Besitze der Akademie ist die „Einschiffung nach der Insel Cythere" in den Louvre gekommen, wo sie jetzt einen Ehrenplatz in dem Salon carré einnimmt und von den französischen Kritikern in allen Tonarten als der „Ruhm der französischen Schule" gepriesen wird. Freilich mischt sich in diesen Lobgesang auch ein Ton der Wehmut und Entsagung. Denn das Bild im Louvre ist nur eine in wenigen Wochen, vielleicht auch nur Tagen hingestrichene, wenn auch höchst geistvolle Skizze, eine Improvisation, die Eingebung eines Augenblicks, wenn auch eines günstigen und glücklichen, die durch den Zwang der Klausur nicht in ihrem freien Schwunge gehemmt worden ist. Watteau betrachtete dieses Bild, das übrigens in dem Protokoll nur kurzweg „ein galantes Fest" genannt wird, nur als eine Vorarbeit. Als er sie mit den kecken Zügen seines dick mit Farbe gesättigten Borstpinsels auf die Leinwand setzte, schwebte ihm bereits eine reifere und vielseitiger durchgebildete Komposition vor Augen, und er hat, ausnahmsweise einmal im Widerspruch mit seinem unsteten Charakter, seinen Plan durchgeführt. Dieses ausgereifte Bild, sein wirkliches Meisterschaftsbild, ist, als es fertig war, in den Besitz des Herrn von Julienne übergegangen, und als dieser sich eines Teiles seiner Sammlungen unter der Hand entäußerte, kauften es die Agenten eines preußischen Prinzen, der in der idyllischen Einsamkeit seiner kleinen Residenz in der Mark den Musen und Grazien Frankreichs opferte. Als Kronprinz Friedrich nach der Versöhnung mit seinem Vater und nach seiner Vermählung seinen Hofhalt im Schlosse zu Rheinsberg anschlug, war sein eifrigstes Bestreben darauf gerichtet, seine Gesellschafts-, Wohn- und Arbeitsräume mit Werken französischer Kunst auszustatten. Von den Malern waren damals Watteau, Lancret und Pater seine Lieblinge, und schon im November 1739 konnte er seiner Schwester Wilhelmine triumphierend melden: „Alles ist in Rheinsberg möbliert; wir haben zwei mit Gemälden angefüllte Zimmer; die andern sind mit Spiegeltrumeaus und mit vergoldetem oder versilbertem Holzwerk ausgestattet. Die meisten meiner Gemälde sind von Watteau und Lancret, zwei Malern aus der Schule von Brabant." Damals oder in den ersten Jahren nach seiner Thronbesteigung muß Friedrich der Große die „Einschiffung nach der Insel Cythere" angekauft haben, da er später den Geschmack an den Bildern der französischen Schule verlor und durch seine Agenten zumeist auf große Gemälde von Rubens, van Dyck und anderen vlämischen Meistern fahnden ließ. In weiteren Kreisen war das Berliner Bild unbekannt, obwohl Julienne es durch Tardieu hatte stechen lassen. Erst Tohme, dem die Kunstsammlungen der königlichen Schlösser wie keinem anderen vor ihm zugänglich waren, hat die Aufmerksamkeit auf dieses Kleinod gelenkt, und eines Tages erschien ein Pariser Agent, der noch vor der Zeit des höchsten Watteaukultus 250000 Mark dafür bot! Für einige Wochen wurde es dann im Jahre 1883 durch eine Ausstellung in der Berliner Kunstakademie der Öffentlichkeit zugänglich gemacht, und seitdem ist es der Gegenstand französischer Elegien geworden. So schreibt Paul Mantz in seiner Biographie Watteaus: „Die vermehrte und veränderte Wiederholung der ‚Einschiffung nach Cythere' leuchtet an den Wänden der kaiserlichen Residenz mit all dem insteladen Glanz einer französischen Blume, deren sich unsere Könige hätten bemächtigen können, wenn sie die Malerei geliebt und gekannt hätten. Nicht unsere Kolonien allein hat Ludwig XV. verloren; er hat dieselbe Nachlässigkeit gegen den Ort gezeigt, wo sich einige unserer kostbarsten Meisterwerke befanden. Welch ein Fehler, Watteau in die Verbannung zu schicken! Es ist nicht wahrscheinlich, daß wir jemals die ‚Einschiffung' in Berlin neben unserer ruhmvollen Skizze im Louvre ausstellen und uns durch eine synoptische Prüfung werden Rechenschaft ablegen können von den Unterschieden, die zwischen dem ersten Traum des Meisters und dem endgültigen Ausdruck seines Gedankens vorhanden sind. Noch ein Wort! Das Exemplar des Schlosses

Abb. 56. Galante Gesellschaft im Freien. Nach dem Gemälde im Besitz des deutschen Kaisers (jetzt im Berliner Museum).
(Nach einer Originalphotographie von Braun, Clément & Cie. in Dornach i. E. und Paris.)

in Berlin ist bewunderungswürdig erhalten. Es ist eines der schönsten Watteaus der Welt!"

Da auch wir es nicht für wahrscheinlich halten, daß das Meisterwerk Watteaus jemals wieder seinen Weg nach Paris zurückgehen wird, begnügen wir uns mit der Konfrontation der beiden Exemplare in Abbildungen, die wenigstens genau über die Verschiedenheit der Komposition orientieren (Abb. 59 und 60). Woher der Künstler den Grundgedanken geschöpft hat, ist nicht

von beständiger Sehnsucht nach der sagenhaften Liebesinsel im Ocean, nach Cythera, dem der Aphrodite geweihten Eiland der Griechen, verzehrt wurden, wo alle Leidenschaften gestillt wurden, wo es keine Schmerzen und Leiden der Liebe mehr gab und das dunkle Gespenst der Sorge durch die Herrschaft der ewig lächelnden Aphrodite, der Cytherea des 17. und 18. Jahrhunderts, für alle Zeiten verbannt worden war.

Am engsten hängen beide Exemplare noch in den Figurengruppen des Mittelgrundes

Abb. 57. Studie zu dem Bilde „Galante Gesellschaft im Freien" (vergl. Abb. 56).
Zeichnung im Louvre in Paris.
(Nach einer Originalphotographie von Braun, Clément & Cie. in Dornach i. E. und Paris.)

mehr festzustellen. Im Jahre 1713 wurde in der großen Oper ein von Fuſilier erdachtes Ballett mit Musik von Bourgeois unter dem Titel „Les amours deguisés" (Die verkleideten Liebesgötter) zum erstenmale aufgeführt und seitdem häufig wiederholt. Vielleicht hat Watteau, der, wie wir wissen, mit der Welt des Theaters ebenso eng verbunden war, wie mit seinem Urbild, dem Komödiantentum in der vornehmen Welt, diesem Ballett die erste Anregung zu seinem Bilde entnommen, vielleicht ist das Bild aber auch der gleichzeitigen Liebes- und Schäferlyrik entsprossen, deren Sänger

zusammen, die im großen und ganzen dieselben geblieben sind: rechts die drei Paare, die das Lieblingsthema Watteauscher Galanterie variieren, den zur That werdenden Entschluß, die Entschließung selbst und die sanfte Überredung dazu, dann in der Mitte der Zug der von Liebesgöttern geleiteten Pilger, deren vorderste Paare sich bereits anschicken, die Barke zu besteigen. Aber im übrigen, welche Verschiedenheiten! Auf dem Berliner Exemplar ragt ein bewimpelter Mast in die Luft empor. Amoretten sind an dem Mastbaum hinaufgeschwebt und -geklettert, um im Verein mit anderen das

leicht vom Winde angeblähte Segel auf-
zuziehen, und ein dritter Trupp schlingt
im Äther einen anmutigen Reigen, „gewisser-

in der Gestaltung der Landschaft. Auf dem
Pariser Bilde ankert das Schiff am Gestade
eines von hohen zackigen Bergen umschlos-

Abb. 58. Gruppe aus dem Bilde „Galante Gesellschaft im Freien" (vergl. Abb. 56).
(Nach einer Originalphotographie von Braun, Clément & Cie. in Dornach i. E. und Paris.)

maßen eine Personifikation des leichten Ze-
phyrs, der das von rosa leuchtendem Licht
umflossene Pilgerschiff hinausführen soll in
die leuchtende Ferne!" (s. das Detail Abb. 61).
Nicht minder stark sind die Verschiedenheiten

jenen Gewässers, das mehr den Eindruck
eines Gebirgssees macht, als den des Zu-
gangs zu dem unermeßlichen Ocean, wo
die Liebesinsel liegen soll. Auf dem Berliner Bilde öffnet uns der Maler dagegen

wirklich den Blick auf das Meer. Der Horizont verliert sich in eine geheimnisvolle, nebelhafte Ferne. Hier ist auch Venus mit Bogen und Köcher auf hohem Postament getreten (das Detail Abb. 62), zu deren Füßen ein junger Mann seine

Abb. 61. Detail aus dem Gemälde Abb. 60.
(Nach einer Originalphotographie von Braun, Clément & Cie. in Dornach i. E. und Paris.)

der Vordergrund rechts ganz anders und reicher gestaltet worden. An die Stelle der Venusherme des Pariser Exemplars ist eine von drei Amoretten umspielte Statue der Schönen, von kleinen Liebesgöttern unterstützt, zu der romantischen Fahrt zu überreden sucht. Auch die malerische Ausführung des Berliner Bildes ist sorgfältiger und solider. Trotzdem behält auch das Pariser Exemplar seine eigenartigen Vorzüge. „Will man die Summe des Vergleichs zwischen beiden Bildern ziehen," sagt Dohme auf Grund seiner langjährigen Studien, „so wird man sagen müssen, daß die Komposition sowohl wie die Malerei der Figuren rendsten Sprünge daran hat freilich schon der Restaurator zudecken müssen." Andere Kritiker sind wieder durch die tadellose Erhaltung des Berliner Bildes und des bezaubernden Reizes der Komposition bestimmt worden, diesem den Vorzug vor dem Pariser zu geben. Am Ende ist der Streit aber

auseinander zu halten oder gar auf bestimmte Jahre zu verteilen. Wir haben für die Datierung nur einige allgemeine Anhaltspunkte. Watteaus Gestalten werden seit 1716 oder 1717 immer schlanker, sein Kolorit geht von dem warmen Goldton der Cytherebilder allmählich zu einem noch lichteren und blässeren Gesamtton über, und in den Kompositionen wiederholen sich gewisse Motive seiner früheren Schöpfungen,

alle Kranken, denen körperliche Verfassung und Gewissen den Genuß der Lebensfreude oder die Begründung einer eigenen Familie versagen, ein zärtlicher Freund der Kinder, auf die er alles übertragen zu haben scheint, was ihm die Natur an Liebe und Liebebedürfnis in sein Herz gelegt hatte. Er sah nichts Arges darin, Kinder an seinen galanten Festen teilnehmen zu lassen (vgl. Abb. 56), und wie Rubens den Amoretten,

Abb. 63. Iris oder der Tanz. Nach dem Gemälde im Besitze des deutschen Kaisers. (Vergl. das Titelblatt.)
(Nach einer Originalphotographie von Braun, Clément & Cie. in Dornach i. E. und Paris.)

indem er die in seinen reichen Studienschätzen vorhandenen Gruppen immer von neuem in einer landschaftlichen Umgebung kombinierte. Den Cytherebildern am nächsten steht in der lichtwarmen Färbung eine der Perlen aus den Erwerbungen Friedrichs des Großen, die unter dem Namen „Der Tanz" bekannte Kinderidylle, die auch nach dem Anfangsverse unter dem danach angefertigten Stiche „Iris c'est de bonne heure avoir l'air à la danse" die „tanzende Iris" genannt wird (Abb. 63). Watteau war, wie

die die Götter des Olymps oder die Helden der griechischen Sage zu allerhand verfänglichen Liebesabenteuern ermunterten und begleiteten, die Züge seiner Kinder gab, suchte auch Watteau die Modelle zu seinen Liebesgöttern unter den Kindern der ihm befreundeten bürgerlichen Familien, die sich sicherlich freuten, ihre Lieblinge auf den Bildern des schüchternen Malers in komischer Verkleidung oder in der Nacktheit der himmlischen Engel paradieren zu sehen. In der „tanzenden Iris" hat Watteau am meisten die Naivetät seiner eigenen Kinderseele enthüllt. Die Kinder sind ganz unter sich, und wenn die kleine Iris, die sich höchst gravitätisch bei den Klängen der Schalmei ihres jugendlichen Schäfers bewegt, die Koketterie der Erwachsenen nachahmt, so liegt in ihrer Haltung soviel Anmut, soviel Unschuld und Drolligkeit, daß niemand der Gedanke aufsteigen wird, daß in einem sittenlosen Zeitalter auch die Kinder bereits baren Mannigfaltigkeit, von dem bunten Schillerglanze des Watteauschen Kolorits zu vermitteln.

Zur Zeit, wo Watteau in den Cytherebildern die Großthat seines Lebens vollbrachte, fand auch sein Interesse am Theater, an der Schauspielerwelt wieder neue Nahrung. Die italienischen Komödianten, die Ludwig XIV. verbannt hatte, waren von dem vergnügungssüchtigen Regenten Philipp

Abb. 64. Die Liebe auf dem französischen Theater. Nach dem Gemälde im königlichen Museum in Berlin.
(Nach einer Photographie von Franz Hanfstängl in München.)

den Keim der Verderbtheit in sich trugen. Der Liebreiz des ganzen Bildes ist sogar so bestrickend, daß es nur einem kalt prüfenden Auge offenbar wird, daß die Figur des tanzenden Mädchens im Verhältnis zum Hintergrunde zu groß genommen und daß sein linker Arm durch einen Seh- oder Flüchtigkeitsfehler des Malers grausam verkürzt worden ist. Trotzdem haben uns die koloristischen Reize des Gemäldes veranlaßt, den Versuch zu machen, in unserem farbigen, die Hauptfigur wiederholenden Titelbilde den Lesern eine Vorstellung von der wundervon Orleans im Jahre 1716 wieder zurückgerufen worden. Sie feierten vermutlich einen fröhlichen Einzug, und Watteau ist sicher einer von denen gewesen, die sie mit besonders großer Freude begrüßten. Aber bald empfanden die Italiener, daß der Zusammenhang zwischen ihnen und dem Pariser Publikum während der zwanzig Jahre ihrer Verbannung zerrissen worden war. Die Masken der Italiener waren nicht vergessen worden, da sie, wie wir schon früher erwähnt haben, in die Maskengarderobe der Pariser Karnevalsfeste übergegangen waren.

Allmählich wurden sie dann verfeinert, gewissermaßen mit französischer Grazie und gallischem Witz durchgeistigt, und überdies waren die litterarischen Ansprüche, die man in Paris an Komödien stellte, mitlerweile so gestiegen, daß die Italiener sich dazu verstehen mußten, manche ihrer Eigenarten aufzugeben und den Wettkampf mit der inzwischen aufgeblühten und erstarkten französischen Komödie aufzunehmen. Watteau die miteinander freundschaftlich anstoßen, sind trotz ihres auffälligen Kostüms zwei Götter des griechischen Olymps: der schlanke hochgewachsene Herr mit dem Dreispitz mit kriegerischem Federschmuck auf dem Haupte ist, wie der Köcher an seiner Seite andeutet, Apollo, und der mit Weinlaub bekränzte Jüngling auf der Steinbank ist Bacchus, an den sich eine jugendliche Schöne, Hebe oder Ariadne, zärtlich schmiegt. Vor

Abb. 65. Die Liebe auf dem italienischen Theater. Nach dem Gemälde im königlichen Museum in Berlin. (Nach einer Photographie von Franz Hanfstängl in München.)

ist der klassische Schilderer dieser Rivalität durch zwei Gemälde geworden, die unter dem Namen „Die Liebe auf dem französischen Theater" und „Die Liebe auf dem italienischen Theater" (im Berliner Museum, Abb. 64 und 65) bekannt sind. Welche speciellen Motive den beiden Darstellungen zu Grunde liegen, ist noch nicht ermittelt worden. Nur soviel ist ersichtlich, daß es sich auf dem Bilde der französischen Komödie um ein Intermezzo in einem mythologischen Ballett oder einer mythologischen Oper handelt; denn die beiden Figuren im Hintergrunde, dem mythologischen Trio tanzt ein französisches Paar ein Menuett, in einem Kreise von Musikanten, von Damen und Cavalieren, von ständigen Masken der Komödie, von denen man rechts den in schwarze Tracht gekleideten Scaramouche erkennt. Das Gegenstück zu diesem Bilde führt uns dagegen fast sämtliche Masken der italienischen Komödie vor, als Mittelpunkt der von dem Lichte einer Fackel und einer Laterne beleuchteten Gruppe den die Guitarre spielenden Pierrot in seinem weißen Kostüm, hinter ihm den Harlekin, weiter rechts den „Mez zetin", auch eine Art von Hanswurst, der sich durch seine hoffnungslosen Liebeswerbungen lächerlich macht, und am Ende Scapin und Brighella, auf der linken Seite hinter Pierrot seine unzertrennliche Gefährtin, die niedliche Colombine, die aber die schwarze Halbmaske abgenommen hat, und andere Masken, darunter den Dottore da Bologna mit der langen Nase. Watteau hat niemals vorher und später ein Bild mit so verschiedenartigen Lichtwirkungen gemalt. Nur das unter dem Namen „Die Cascade" bekannte Bild in der Galerie Czartoryski in Paris (Abb. 66), das wir hier zum Vergleich heranziehen, gibt nächtliche Lichteffekte, aber mit geringerer Mannigfaltigkeit wieder, und überdies sind die Figuren so steif und leblos, so ungeschickt in ihrer Haltung, daß man dabei eher an Watteaus Schüler Lancret als an seinen Meister denkt.

Wenn man die beiden Bilder des Berliner Museums miteinander vergleicht, wird man nicht lange Zweifel darüber empfinden, auf welche Seite sich die Sympathien Watteaus neigten. Wohl hat er noch ein Bild aus dem französischen Theater gemalt, auf dem sich eine erregte Scene zwischen einem tragischen Helden und einer tragischen Heldin abspielt, deren Ursache ein auf dem Boden liegender, zerrissener Brief anzudeuten scheint, eine wirkliche Theaterscene mit dem Hintergrunde der Bühnenscenerie — aber sein Herz und seine Liebe waren doch bei den italienischen Komödianten oder wenigstens bei ihren Kostümen. Wirkliche Bühnenbilder mit dem Hintergrund gemalter Coulissen hat Watteau nur selten dargestellt, außer auf dem vorhin erwähnten Bilde aus der französischen Tragödie auf dem Bilde „Die italienischen Komödianten", das Baron gestochen hat (Abb. 67). Es ist eine der letzten Arbeiten Watteaus, die er während seines Aufenthalts in England gemalt hat und zwar 1719 oder 1720 für den Arzt Dr. Mead, aus dessen Nachlaß das Bild 1754 verkauft wurde. Jetzt ist es im Besitz des Herrn Groult in Paris, nach dem Urteil von Paul Mantz ein „Watteau von höchster Bedeutung . . . eine Malerei, deren Kolorit äußerst glänzend ist, auf der der Pinsel führung freier und geistreicher ist als je zuvor." Es scheint wieder das Schlußtableau einer Komödie zu sein, deren Mittelpunkt die hochragende Gestalt des Gilles, des Watteauschen Lieblings bildet. Ihm hat er ein besonderes Denkmal in dem großen Bilde der Galerie La Caze im Louvre gesetzt, wo der lange weißgekleidete Bursche mit dem verschmitzten Gesicht sich in seiner ganzen Länge reckt, um die letzte Ansprache, die moralische Nutzanwendung der satirischen Komödie an die Zuhörer zu halten. Seine Genossen, die sich hinter ihm in einer Bodensenkung befinden, sind bemüht, den störrischen Esel, auf dem der Doktor von Bologna reitet, an einem Seile vorwärts zu ziehen (Abb. 68). Wir haben in diesem Gilles mit dem anscheinend so harmlosen und doch von verhaltenem Geist zitternden Zügen unzweifelhaft ein Porträt vor uns, und Paul Mantz hat sich auch Jahrzehnte hindurch die erdenklichste Mühe gegeben, um eine Persönlichkeit ausfindig zu machen, die um die Zeit, wo Watteau das Bild gemalt hat, den Gilles in der italienischen Komödie oder auf den Wanderbühnen, die sich auf Jahrmärkten zeigten, gespielt hat und die dem Alter nach der von Watteau dargestellten Persönlichkeit entsprochen haben würde. Seine Bemühungen sind vergeblich gewesen und mußten es auch sein, da es gar nicht wahrscheinlich ist, daß Watteau einen wirklichen Komödianten wiedergegeben hat. Graf Caylus, Watteaus Freund und Biograph, bezeugt ausdrücklich, daß der Künstler außer Phantasiekostümen auch Kostüme von Komödianten besaß, „mit denen er Personen beiderlei Geschlechts bekleidete, je nachdem er sie fand und wenn sie sich dazu verstanden, ihm als Modelle zu stehen," und einen dieser gefälligen Freunde werden wir wohl auch in dem berühmten Gilles der Sammlung La Caze zu erkennen haben. Noch mehr wird diese Gewohnheit Watteaus durch einen Vers bestätigt, der unter einer von ihm selbst ausgeführten Radierung „La troupe italienne" (Die italienische Schauspielergesellschaft, Abb. 69) steht:

Les habits sont italiens,
Les airs français, et je parie,
Que dans ces vrais comédiens
Git une aimable tromperie

(d. h. die Kostüme sind italienisch, die Gesichter aber französisch, und ich wette, daß in diesen wahren Komödianten eine liebenswürdige Täuschung liegt). Von einer dieser Masken, einem Mezzetin, der sich auf einem nur noch durch den Stich von Thomassin

Abb. 66. Die Cascade. Nach dem Gemälde in der Galerie Czartoryski in Paris.
(Nach einer Originalphotographie von Braun, Clément & Cie. in Dornach i. E. und Paris.)

bekannten Gemälde inmitten seiner Gefährten als Guitarrespieler produziert, überliefert Mariette, einer der intimsten Watteaukenner, sogar ausdrücklich, daß es das Porträt des Kunsthändlers Sirois, des ersten Protektors unseres Künstlers, sei.

Wehmut in sein Schicksal fügende Liebhaber bleibt, war eine der beliebtesten Gestalten Watteaus. Er war kein spezifisch italienisches Gewächs, sondern französischen Ursprungs. Mit Hilfe einiger Zeichnungen Callots hatte der Schauspieler Angelico Constantino diese

Abb. 67. Die italienischen Komödianten. Nach einem Stich.

Der „Mezzetin", eine Mittelfigur zwischen Pierrot und Falstaff, dessen Beleibtheit ihn, trotz seines Lautenspiels und seines girrenden Gesangs, stets hindert, die Gunst der Damen zu gewinnen, und der darum immer der abgefallene, aber sich mit

Maske geschaffen, die seitdem ein Bestand des französischen Theaters geblieben war und auch von den Italienern übernommen wurde, als sie sich genötigt sahen, französische Elemente in ihr altes, verbrauchtes Repertoir aufzunehmen. Das geschah zuerst im April 1718, wo die Italiener eine französische Komödie von Autrean in ihren bekannten Masken aufführten, zu denen jetzt der Mezzetin hinzukam. Er durfte auch auf Watteaus galanten Festen nicht fehlen, aber niemals ohne sein Musikinstrument, von dem er sich mehr Wirkungen als von seiner wenig einnehmenden Persönlichkeit verspricht. Einmal erscheint er als Guitarre-

ähnlichen in der kaiserlichen Galerie zu Wien (Abb. 71) hat er sich in die Einsamkeit eines Parkwinkels auf eine Steinbank zurückgezogen, in der Hoffnung, daß seine schmelzenden Töne eine irrende Schöne an seine Seite und in seine Arme locken werden.

Solcher Scenen und Einzelfiguren aus dem italienischen Theater, zu denen Wat-

Abb. 69. Gilles. Nach dem Gemälde der Sammlung La Caze im Louvre in Paris.

spieler auf einem Bilde, das durch den Stich danach den Namen „Le lorgneur" (etwa der verstohlen Beobachtende, Abb. 70) erhalten hat. Während er nämlich beim Spiel seinen Oberkörper hin und herwiegt, wirft er einen indiskreten Blick in den Busen der vor ihm im Grase sitzenden Schönen, die vertrauensvoll seinem Vortrage lauscht. Auf einem Bilde in der Eremitage zu St. Petersburg und einem

teau seine eigenen landschaftlichen Hintergründe schuf, sind uns noch mehr in Gemälden und Stichen erhalten, so z. B. die Einzelfigur des Doktors mit der künstlichen langen Nase (Abb. 72) und eine Gesellschaft anscheinend echter Komödianten auf einem Bilde im Pariser Privatbesitz (Abb. 73), das angeblich Schauspieler der komischen Oper auf einer Messe darstellen soll. Gillot, Harlekin und Colombine sind auch auf diesem Bilde die bevorzugten Gestalten, denen Watteau als Mensch und Maler seine wärmsten Neigungen entgegenbrachte. Auch eine Zeichnung im Besitze des Herzogs von Devonshire (Abb. 74) scheint Figuren und Gruppen vom Theater, Scenen aus einer Oper oder einem Ballett darzustellen. —

Über den weiteren Lebensgang Watteaus nach seiner Aufnahme in den Schoß der Akademie fließen die Quellen etwas reichlicher als über die Jahre vor 1717. Daß es ihm bei seiner Bewerbung um die Mitgliedschaft nur darum zu thun war, sich einer lästigen Pflicht zu entledigen und sich zugleich damit die freie Ausübung seiner Kunst zu sichern, beweist sein fernerer Anteil an den Sitzungen der Akademie. Wie die Protokolle ergeben, ist er seit seiner Aufnahme nur noch zweimal an den Sitzungstagen im Louvre erschienen: am 4. September, acht Tage nach seiner Aufnahme, wo ein gewisser Sebastian Bourdon einen Vortrag über das Licht hielt, und am 31. Dezember 1717. Seitdem ließ er sich nicht wieder unter den Akademikern sehen, und diese vergalten ihm Gleiches mit Gleichem. Wenn ein Akademiker krank wurde, war es üblich, daß zwei seiner Genossen zu ihm gesandt wurden, um sich im Namen der Akademie nach seinem Befinden zu erkundigen und ihm die besten Wünsche für seine baldige Genesung auszusprechen. Als Watteau in die schwere Krankheit verfiel, die mit seinem Tode endigte, unterließ man diese Höflichkeit, und als die Kunde von seinem Ableben eintraf, begnügte sich die Akademie damit, in gewohnter geschäftsmäßiger Trockenheit davon in ihrem Protokoll Notiz zu nehmen.

Nicht so sehr seine Verachtung der Akademie und des akademischen Wesens, auch

Abb. 69. Die italienische Schauspielergesellschaft. Nach einer Radierung Watteaus nach seinem Gemälde.

nicht das Gefühl seiner Überlegenheit über die Genossen, sondern seine mit dem Wachstum seiner Krankheit zunehmende Menschenscheu ließ, obwohl sein Biograph Gersaint andere Gründe angibt. „Die Liebe zur Freiheit und Unabhängigkeit," sagt er, „trieben ihn,

Abb. 76. Der verstohlen Beobachtende (Le lorgneur). Nach einer Radierung.

mag ihn bewogen haben, den Verkehr mit den Akademikern zu meiden. Sie war wohl auch der Grund, daß Watteau schon nach Jahresfrist das gastfreie Hotel Crozats verließ, aus dem Hause des Herrn von Crozat zu scheiden; er wollte nach seiner Laune und sogar in der Verborgenheit leben. Er zog sich zu meinem Schwiegervater (dem Kunsthändler Sirois) in eine kleine Wohnung zurück, und er verbot es durchaus, seine Wohnung denen zu entdecken, die danach fragen würden." Aber im Grunde war es doch der Hang zur Einsamkeit, die Furcht vor der Berührung mit vielen Menschen, die ihn zur Trennung von Crozat und seinen Kunstschätzen veranlaßt hatte. Denn Watteau scheint es auch nicht lange bei Sirois und zu dem er sich hingezogen fühlte, weil auch er vlämischer Abstammung war. Von Vleughels' künstlerischen Qualitäten entwirft Mariette, der ausgezeichnete Kunstkenner, ein keineswegs schmeichelhaftes Bild. „Er konnte kaum zeichnen und malte auch nicht besser. Dennoch besaß er das Geheimnis, kleine Bilder anzufertigen, die gefielen. Er malte nämlich nur angenehme Dinge, und

Abb. 31. Der Guitarrespieler. Nach dem Gemälde in der kaiserlichen Galerie in Wien.
(Nach einer Photographie von J. Löwn in Wien.)

ausgehalten zu haben. Ende 1718 oder Anfang 1719 bezog er nämlich eine Wohnung weit draußen in der Vorstadt St. Victor, die damals fast nur aus Klöstern und Gärten bestand, „in dem Hause des Neffen des Herrn Lebrun, an den Gräben der ‚Christlichen Lehre‘ (eines so genannten Klosters)," und zwar zusammen mit dem Maler Nicolas Vleughels, den er vermutlich in der Akademie kennen gelernt hatte seine Figuren wie seine Kompositionen besaßen etwas Einschmeichelndes. Jeder brauchte nicht zu wissen, daß er sie aus den Werken der großen Meister zusammengeplündert hatte. Es verursachte ihm keine Beschwerde, daraus ganze Stücke zu kopieren und sie in seine Gemälde hinüberzunehmen. Man fand ihn beständig von Kupferstichen umgeben, aus denen er sich sein Futter zusammenraubte . . . Seine Kollegen fürchteten ihn, die Gelehrten achteten ihn." Auf diese Weise wußte er sich eine Stellung zu gründen, und mit Hilfe eines seiner hohen Beschützer gelang es ihm später, zum Direktor der französischen Akademie in Rom ernannt zu werden. Er muß aber auch gute persönliche Eigenschaften besessen haben, die Watteau so bestachen, daß der menschenscheue Maler sich eng an den künstlerisch viel tiefer stehenden Genossen anschloß. Noch im September des Jahres 1719 wohnten sie miteinander, wie aus einem Briefe hervorgeht, den Mengheis am 20. September 1719 an die berühmte Pastellmalerin Rosalba Carriera nach Venedig schrieb: „Ein vortrefflicher Mann, Herr Watteau, von dem Sie ohne Zweifel schon haben reden hören, wünscht glühend, Ihre Bekanntschaft zu machen. Er möchte gern ein Wert, und wäre es noch so klein, von Ihrer Hand haben, und zum Ersatz dafür würde er Ihnen etwas von seinen Arbeiten senden, denn es würde ihm unmöglich sein, Ihnen den Preis Ihres Werkes zu übersenden ... Er ist mein Freund; wir wohnen zusammen, und er bittet mich, Ihnen seinen tiefsten Respekt darzubringen." Eine Begegnung Watteaus mit der Venetianerin fand erst etwa ein Jahr später statt, am 21. August 1720, was die Künstlerin ausdrücklich in ihrem Tagebuch vermerkt hat.

Aus dem Jahre 1719 besitzen wir auch ein interessantes Dokument, eine eigenhändige Quittung Watteaus für ein Bild, das ihm

Abb. 71. Der Doktor. Nach einer Radierung.

der Regent abgelaunt hatte: „Ich habe von dem Herrn Herzog von Orleans 260 Livres (Franken) für ein kleines Gemälde erhalten, das einen Garten mit acht Figuren darstellt. Gegeben in Paris, am 14. August des Jahres 1719. Antoine Wateau." So schrieb sich also der Künstler selbst, und dieser Quittung ist auch die Unterschrift entnommen, die wir der Radierung nach seinem Selbstporträt beigegeben haben, das ihn in den letzten Jahren seines Lebens darstellt. 260 Franken für ein Bild

kleiner Brief, der leider nicht datiert ist, aber unzweifelhaft in der Zeit von 1717 bis 1720 geschrieben worden ist, läßt uns einen Einblick in die Art thun, wie er seine Zeit einteilte. Das Billet ist eine Antwort auf eine Einladung des Kunsthändlers Gersaint, der sein Geschäft an der Notre-Dame Brücke hatte: „Lieber Freund Gersaint, ja, ich werde morgen (Sonntag), wie Du es wünschest, zum Mittagessen mit Antoine de la Roque zu Dir kommen. Ich beabsichtige, um zehn Uhr zur Messe nach St. Germain de l'Auxer-

Abb. 73. Schauspieler der komischen Oper auf einer Reise.
Nach einem Gemälde in Pariser Privatbesitz.
Nach einer Originalphotographie von Braun, Clément & Cie. in Dornach i. E. und Paris.

mit acht Figuren ist eine jämmerliche Bezahlung, auch wenn man annimmt, daß der Wert des Geldes von damals bis auf unsre Zeit etwa auf das Vierfache gestiegen ist. Watteau war es jedoch nicht anders gewohnt, und da er immer bescheiden und anspruchslos blieb, hat er auch trotz seiner enormen Thätigkeit keine Schätze sammeln können. Auch scheint er kein sorgsamer Hüter des Erworbenen gewesen zu sein. Das Geld, das er verdiente, glitt ihm leicht durch die Finger, trotzdem daß er keine schwelgerischen Gewohnheiten hatte und sich auch von Ausschweifungen fern hielt. Seine Lebensweise war einfach und geregelt. Ein

rois zu gehen, und ich werde sicher zu Mittag bei Dir sein, denn ich habe vorher nur noch einen einzigen Besuch bei Freund Molinet zu machen, der seit vierzehn Tagen ein wenig an Frieseln leidet. Bis dahin Dein Freund Watteau."

Antoine de la Roque war der litterarisch und künstlerisch gebildete Kriegsmann, der sich nach seiner schweren Verwundung in der Schlacht bei Malplaquet der Litteratur und der Publizistik gewidmet hatte. Er schrieb Texte für Opern und gab eine Zeitschrift, den „Merkur", heraus. Daß Watteau trotz seiner galanten Bilder, die ihn später in den Ruf der Frivolität und des leichtfertigen Lebens gebracht haben, ein treuer Sohn seiner Kirche war, geht nicht bloß aus diesem Briefe hervor. Ein Kanonikus der Kirche gegenüber der einen Seitenfront des Louvre, die durch die Bartholomäusnacht eine traurige Berühmtheit erlangt hat, der Abbé Haranger, war sein Freund geworden, und darum bevorzugte er diese Kirche, wenn er Gott dienen wollte.

Auf das geringe Kapital, das Watteau durch seine Arbeiten zusammengebracht hatte, teau für den Regenten gemalt hat, nicht mehr nachzuweisen. In der 1727 erschienenen „Beschreibung der Gemälde des Palais Royal", der Residenz des Herzogs, wird nur ein einziges Bild Watteaus erwähnt, „die Affen als Maler". Nach der Beschreibung sah man auf dem Bilde ein Maleratelier mit einem großen, in eine grüne Jacke gekleideten Affen vor seiner Staffelei, und hinter ihm vier kleinere Affen, offenbar seine Lehrlinge, die sich im Malen und Zeichnen üben. Da das Bild nur 2 Zoll

Abb. 71. Studienblatt. In der Sammlung des Herzogs von Devonshire in Chatsworth. (Nach einer Originalphotographie von Braun, Clément & Cie. in Dornach i. E. und Paris.)

ist vermutlich auch der von dem Belgier Law unter der Ägide der französischen Regierung inscenierte Finanzschwindel von schädlichem Einfluß gewesen. Es wird berichtet, daß sein Freund, Herr von Julienne, dem der Geldgeschäfte völlig unkundigen Manne aus dem Zusammenbruch der Lawschen Bank, die der Staat unter seinen Schutz genommen hatte, noch 6000 Livres gerettet hat, eine immer hin beträchtliche Summe, wenn man an die Honorare denkt, die Watteau, soweit sich nach der Quittung für den Herzog von Orleans urteilen läßt, im Durchschnitt erhalten haben kann. Leider ist das Bild, das Wat 10 Linien hoch und 3 Zoll 8 Linien breit war, muß es ein Wunderwerk der Kleinmalerei gewesen sein. Es war auch, nach vlämischer Sitte, auf Kupfer gemalt.

Über die Bilder, die Watteau in seinen letzten Lebensjahren geschaffen hat, ist leider nur wenig Sicheres festzustellen. Im großen und ganzen müssen wir uns an allgemeine Merkmale halten, von denen wir einige schon erwähnt haben. Watteaus Gestalten werden immer schlanker, sein Ton wird immer kühler und grauer, dafür aber seine Auffassung und Behandlung im einzelnen immer geistreicher und anziehender. Der Zeit von

1718—1720 gehören sicher die beiden köstlichen Bilder der Dresdener Galerie „Die gesellige Unterhaltung im Freien" (Abb. 75) und „Das Liebesfest" an. In letzterem sind deutliche Anklänge an die „Ein tiven kommt auf Watteaus Bildern aus seinen letzten Jahren häufig vor. So ist auch der die Guitarre spielende Herr auf dem Bilde „Gesellige Unterhaltung" eine getreue Kopie des Bildes in der kaiserlichen

Abb. 75. Gesellige Unterhaltung im Freien. Nach dem Gemälde in der königlichen Galerie in Dresden. (Nach einer Aufnahme von F. & O. Brockmann Nachf. in Dresden.)

sehr junges Liebespaar im Vordergrunde einer Wiesenlandschaft (im Pariser Privatbesitz) und „Das Frühstück im Freien" im Berliner Museum (Abb. 76). Alle diese Bilder haben mit den beiden der Dresdener Galerie den gemeinsamen Zug, daß nicht mehr dichte Baumgruppen künstlich angelegter Parks den Hintergrund bilden, sondern daß sich dieser immer mehr öffnet, Bilder aus Watteaus letzter Zeit zu datieren sind, beweist u. a. auch der Umstand, daß zwei so gründliche Forscher wie Dohme und Paul Mantz gerade in der Zeitbestimmung wichtiger Gemälde voneinander stark abweichen. Während ersterer die Entstehung der beiden berühmten Bilder der Sammlung La Caze im Louvre, der „Finette", einer im Freien sitzenden Lautenspielerin, und des „In-

Abb. 76. Das Frühstück im Freien. Nach dem Gemälde im königlichen Museum in Berlin.
(Nach einer Photographie von Franz Hanfstängl in München.)

daß die Baumgruppen immer dichter werden, die Bäume immer dünner stehen. Auf dem Berliner Bilde sind die Bäume rechts und links nur noch eine Art Einfassung, und auf dem Bilde im Pariser Privatbesitz sieht man im Mittelgrunde nur eine Reihe schlanker, wenig belaubter Birken oder Erlen, die das Ufer eines Gewässers begleiten. Sollte man hier schon einen Nester der landschaftlichen Studien zu erkennen haben, die Watteau während seines Aufenthalts in England gemacht hat? Wie schwer übrigens die différent", eines tanzenden Stutzers in einem Anzug von hellblauem Atlas mit rosenfarbenem Mantel, in die Jahre kurz vor der Ausführung des Aufnahmebildes für die Akademie verlegt, schreibt sie Mantz der letzten Zeit Watteaus zu.

Graf Caylus erzählt, daß Watteau im Jahre 1719 eine Reise nach England unternahm. Wenn man den oben erwähnten Brief von Vleughels in Betracht zieht und damit die Tagebuchnotiz der Rosalba Carriera vom 21. August 1720 in Verbindung bringt, muß Watteau die Reise nach England spätestens Ende 1719 angetreten haben, und seine Rückkehr muß spätestens im Hochsommer 1720 erfolgt sein. Über die Beweggründe zu dieser Reise gehen die Meies ihm auch gelungen sein. „Er war," so schreibt dieser, „während seines Aufenthalts in England sehr beschäftigt. Seine Werke waren dort schon hingekommen und wurden gut bezahlt. Dort fing er auch

man sich dort bedient, und die für Brustkranke sehr gefährlich ist, nötigte Watteau, nach Paris zurückzukehren." Nach der Vermutung anderer soll aber gerade diese Krankheit Watteau zu der Reise verhalte, die 1754 nach dem Tode des berühmten Arztes versteigert wurden: das eine ist die schon erwähnte, von Baron gestochene Darstellung der italienischen Komödianten, das andere „L'amour paisible"

Abb. 78. Gersaints Firmenschild (rechte Hälfte). Nach dem Gemälde im Besitz des deutschen Kaisers. (Nach einer Originalphotographie von Braun, Clement & Cie. in Dornach i. E. und Paris.)

anlaßt haben. In London wohnte ein berühmter Arzt, Dr. Richard Mead, der später Leibarzt des Königs wurde, und um ihn zu konsultieren, hätte Watteau die Reise über den Kanal gemacht. Sicher ist jedenfalls, daß der Künstler mit Dr. Mead, der auch ein Kunstliebhaber war, in Verkehr getreten ist, und daß er für ihn zwei Bilder gemalt (Die friedvolle Liebe), vermutlich dasselbe Bild, das später in den Besitz Friedrichs des Großen übergegangen ist (s. Abb. 52). Aus dem Umstande, daß sich im Buckinghampalast in London vier Bilder von Watteau befinden, zwei Feste im Freien, eine Scene aus einer heut vergessenen Komödie Molières und eine Scene aus der italienischen

Komödie mit Pierrot und Harlekin in der Mitte, hat man die Sage gebildet, daß König Georg I. auf Empfehlung des Dr. Mead diese Bilder bei Watteau bestellt habe. Diese Überlieferung wird aber durch keinerlei positives Zeugnis unterstützt, und die Art Watteaus entsprach auch nicht den künstlerischen Neigungen des Königs. Ein Engländer, der im Jahre 1789 eine Reise durch Holland, Brabant und einen Teil Frankreichs gemacht und darüber in einem 1790 in London erschienenen Buche berichtet hat, hat sogar die Behauptung aufgestellt, daß Watteau in England kein Glück gehabt habe. Sicherer begründet ist die Überlieferung, daß Watteau in London zwei Karrikaturen gegen die Ärzte gemalt oder gezeichnet habe. Die eine zeigt einen Kranken, den Ärzte mit Klystieren verfolgen, und dazu im Hintergrunde einen Sarg mit einem Totenkopf. Das Bild ist nicht mehr vorhanden. Wir kennen seine Komposition aber durch einen Stich des Grafen Caylus, dessen Unterschrift in Versen mit der wenig liebenswürdigen Zeile beginnt: Qu'ai-je vous fait, maudits assasins? (Was habe ich euch, verfluchte Mörder, gethan?). Der Schauplatz des andern Spottbildes ist ein mit Gebeinen, Schädeln und Särgen bedeckter Friedhof. In der Mitte steht ein Arzt, Namens Dr. Misaubin, ein französischer Charlatan, der damals in London mit Pillen gegen gewisse Krankheiten gute Geschäfte machte. Nach einer Notiz Mariettes, die dieser auf einem Exemplar des Stichs im Pariser Kupferstichkabinett niedergeschrieben hat, soll Watteau die Zeichnung, nach der der Stich ausgeführt ist, „in einem Kaffeehaus während seines Aufenthalts in London gemacht haben."

Das ist alles, was wir von Watteaus Erlebnissen in England wissen. Auf seine Kunst hat London jedenfalls keinen Einfluß mehr geübt, und es scheint auch, daß er ziemlich enttäuscht nach Paris zurückgekehrt ist. Zu der ungünstigen Einwirkung des Londoner Klimas auf seinen Gesundheitszustand kam noch der Mangel an Verdienst, und am Ende trug noch eine stürmische Überfahrt über den Kanal, auf die er später in dem vom Grafen Caylus gestochenen Bilde „Der Schiffbruch" angespielt hat, dazu bei, ihm die Erinnerung an seine englische Reise wenig angenehm zu machen.

Wie aus der schon erwähnten Notiz, in dem mit großer Sorgfalt geführten Tagebuch der Rosalba Carriera hervorgeht, muß er spätestens im August 1720 wieder in Paris gewesen sein. „Bei seiner Rückkehr nach Paris," so erzählt Gersaint, „kam er zu mir mit der Frage, ob ich ihn wohl bei mir aufnehmen und ihm erlauben möchte, um sich die Finger wieder gelenkig zu machen, das sind seine eignen Worte, einen Plafond zu malen, den ich draußen ausstellen sollte. Ich hatte einige Abneigung, ihm entgegenzukommen, da ich es lieber gesehen hätte, wenn er sich mit etwas Soliderem beschäftigt hätte. Aber da ich sah, daß es ihm Vergnügen machen würde, willigte ich ein. Man weiß, wie sehr dieses Stück gelungen ist; das Ganze war nach der Natur gemalt: die Stellungen darin waren so lebenswahr und leicht, die Anordnung so natürlich, die Gruppen so wohlverstanden, daß das Bild die Augen der Vorübergehenden auf sich zog, und sogar die geschicktesten Maler kamen zu wiederholten Malen, um es zu bewundern. Es war die Arbeit von drei Tagen, und dabei arbeitete er nur des Morgens daran, weil seine zarte Gesundheit oder, besser gesagt, seine Schwäche ihm nicht erlaubte, sich länger damit zu beschäftigen. Es ist das einzige Werk, das seine Eigenliebe ein wenig gekitzelt hat, und er gestand es mir auch, ohne Schwierigkeiten zu machen."

Dieses Meisterwerk von drei Tagen, das zweite nächst der „Einschiffung nach der Insel Cythere" hat denselben Weg genommen wie das erste. Aus der Hand Gersaints kam es in den Besitz des Herrn von Julienne, der es auch von Aveline in Kupfer stechen ließ, und als Julienne einen Teil seiner Kunstschätze im stillen verkaufte, wurde es von einem der Unterhändler Friedrichs des Großen für diesen erworben. Das Bild hat merkwürdige Schicksale erlebt. Es ist nämlich — wir wissen nicht genau, um welche Zeit — in zwei Hälften zerschnitten worden, und in diesem Zustande scheint es bereits für Friedrich II. angekauft worden zu sein. In einem Briefe vom 19. Oktober 1760, in welchem der Marquis d'Argens über die Einnahme von Berlin durch die österreichischen und sächsischen Truppen angerichteten Verwüstungen im Schlosse zu Charlottenburg dem Könige

Abb. 79. Detail aus Gersaints Firmenschild. Vergl. Abb. 77.
(Nach einer Originalphotographie von Braun, Clément & Cie. in Dornach i. E. und Paris.)

Friedrich II. Bericht erstattet, sagt er nämlich ausdrücklich, daß die Plünderer „die drei schönsten Stücke, die beiden Firmenschilder von Watteau und das Porträt einer Venetianerin von Pesne" zurückgelassen hätten, vielleicht weil die Bilder zu groß waren. Ihre Wut gegen den Preußenkönig scheinen sie aber daran gekühlt zu haben. Denn bei einer im Jahre 1891 vorgenommenen Wiederherstellung der beiden Bilder Watteaus hat sich ergeben, daß „der obere Teil eine ganze Reihe parallel von oben nach unten gehender Risse oder Schnitte zeigt, die durch rohe Säbelhiebe erzeugt sein könnten. Aus dem Stiche von Aveline und aus einer Kopie des einheitlichen Bildes von Pater, die sich in der Sammlung Secrétan befand, geht ferner hervor, daß vom oberen Teil der Bilder ein über einen Fuß breites Stück abgeschnitten sein muß, was mit den erwähnten Verletzungen zusammenhängen kann."

Trotz der wenigen Tage, die Watteau auf die Ausführung des „Firmenschilds" verwendet hat, ist das Bild viel solider und sorgfältiger gemalt, als die meisten seiner früheren (s. die Abb. 77 und 78 und die Details daraus Abb. 79 und 80). Der Farbenauftrag ist bestimmter, ruhiger und flüssiger, das Ganze ist auf einen silbergrauen Grundton gestimmt, und dank der soliden Behandlung scheint das Bild so wenig nachgedunkelt zu haben, daß wir außer dem Berliner Bilde der Einschiffung nach der Insel Cythere kein zweites Werk des Künstlers besitzen, das seine koloristischen Absichten so rein und unverfälscht widerspiegelt wie dieses. Die Gewandfalten sind nicht mehr so knitterig und unruhig wie früher, sondern zu breiten Flächen geordnet, ohne daß das Watteau eigentümliche Glitzern und Blitzen dabei verloren gegangen ist (s. die Details Abb. 79 und 80). Da Gersaint versichert, daß alle Figuren nach der Natur gemalt sind, darf man annehmen, daß die meisten von ihnen auch wirkliche Porträts sind. Man blickt von der Straße, deren Pflaster noch zum Teil zu sehen ist, in den als offen gedachten Laden des Kunsthändlers. Auf der linken Seite sind Arbeiter beschäftigt, große Gemälde in eine Kiste zu verpacken, während auf der rechten Seite Herren und Damen aus der vornehmen Gesellschaft — hier in den wirklichen Trachten ihrer Zeit — Gemälde kritisch prüfen oder kleinere Kunstwerke zum Ankauf auswählen. Die Wände des Ladens sind von oben bis unten mit Gemälden von Meistern aller Schulen bedeckt, und in der treuen, den Stil eines jeden Meisters nachahmenden Wiedergabe dieser Bilder hat Watteau eine Virtuosität entfaltet, die vor ihm nur Teniers in seinen berühmten Ansichten aus der Gemäldegalerie des Erzherzogs Leopold Wilhelm in Brüssel offenbart hatte. So schließen sich die Ausgänge der künstlerischen Entwicklung Watteaus an ihren Anfang an, an den niederländischen Meister, der die ersten Schritte des Jünglings geleitet hatte. Diesen Glanzpunkt des Bildes haben schon die Zeitgenossen des Künstlers zu würdigen gewußt, und die Unterschrift unter dem Stich von Aveline hebt das ausdrücklich hervor, in dem sie mit folgenden Versen beginnt:

Watteau, dans cette enseigne à la fleur
de ses ans
Des Maistres de son art imite la manière;
Leurs caractéres différens,
Leurs touches et leur goût composent la
matière
De ces esquisses élégans

(d. h. Auf diesem Schilde ahmt Watteau, in der Blüte seiner Jahre, die Manier der Meister seiner Kunst nach; ihre verschiedenartigen Charaktere, ihr Farbenauftrag und ihr Geschmack bilden den Gegenstand dieser eleganten Skizzen).

Als Watteau im Sommer des Jahres 1720 nach Paris zurückkehrte, fand er im Leben seines Freundes de Julienne eine Veränderung vor. Am 9. Mai 1720 hatte sich Herr von Julienne mit Marie Luise von Bréon verheiratet, und dieses Datum gibt uns die Möglichkeit, zu einem Briefe, den Watteau an einem 3. September an Julienne geschrieben hat, die Jahreszahl zu ergänzen. Da Watteau den 3. September des Jahres 1721 nicht mehr erlebte, ergibt sich die Notwendigkeit, daß der folgende Brief am 3. September 1720, also bald nach Watteaus Rückkehr aus England, geschrieben sein muß: „Mein Herr! Bei Gelegenheit der Rückkehr Marins, der mir das Wildpret gebracht hat, welches Sie mir gütigst heute morgen geschickt haben, übersende ich Ihnen die Leinwand, auf der ich den Kopf des Ebers und den Kopf des schwarzen Fuchses gemalt habe, und Sie können sie an Herrn von Losment befördern. Denn ich bin damit für den Augenblick fertig. Ich kann es mir nicht verhehlen, aber diese große Leinwand macht mir Freude, und ich erwarte einen Widerhall von Befriedigung von Ihrer Seite und von der der Frau von Julienne, welche ab an den Nachmittagen wieder vorzunehmen, weil ich mich des Morgens mit Einfällen in Rötelzeichnungen beschäftige. Ich bitte Sie, mich gegenüber der Frau von Julienne nicht zu vergessen, der ich die Hand küsse. A. Watteau."

je ein Verliebter mit seiner Angebeteten, sind bereits am Ort des Stelldicheins angekommen und sitzen auf dem Grase in Absteigen vom Pferde behilflich. Auf der anderen Seite und im Hintergrund sind Jäger, Diener und Spaziergänger zu sehen."

Abb. 81. Herr von Julienne und Watteau. Nach einer Radierung.

einer Lichtung; von der linken Seite, wo die Pferde unter Bäumen angebunden sind, kommt eine Jägerin auf einem grauen Reittiere herbei. Ein Kavalier ist ihr beim

So beschreibt Paul Mantz dieses Bild, und er fügt hinzu, daß es „ein heiterer Watteau voll Luft und Licht", von „wahrhaft großer Haltung" ist.

In den Gewohnheiten des Julienneschen Gesellschaftskreises wird sich trotz seiner Strömung durch eine liebenswürdige Hausfrau nur wenig geändert haben. Die Musik und die Liebe zu den bildenden Künsten gaben wohl nach wie vor den vornehmsten Unterhaltungsstoff ab. Watteaus berühmtes, uns leider nur noch durch den Stich erhaltenes Bild, das ihn und seinen Freund in einer Parklandschaft, einen jeden seine Kunst übend, darstellt (Abb. 81), wird jedoch vor der Vermählung Juliennes gemalt worden sein, da sonst Watteau, der sich in Galanterien gegen Frau von Julienne erschöpft, nicht versäumt haben würde, auch sie an der idyllischen Verschwisterung zweier Künste teilnehmen zu lassen. Watteau, der auf dem auf der Staffelei stehenden Bilde dieselbe Landschaft wiedergiebt, in der er sich gerade befindet, tritt hier als ebenbürtiger Mann neben den vornehmen Dilettanten, der das Cello spielt. Trotz der vielen Rauheiten seines Wesens wußte er sich doch, wie schon sein Anzug, sein ganzes Benehmen beweisen, in den Ton zu schicken, der in den Kreisen herrschte, in denen er seinen Freund gefunden hatte. Das größere Selbstporträt, das sich in seinem von Julienne herausgegebenen Werke findet (Abb. 82), ist, soweit es sich um die Person Watteaus handelt, nur eine Wiederholung der Figur auf dem Bilde mit Julienne. Hier steht Watteau in seinem Atelier, in Pose, als ob er jeden Augenblick gewärtig wäre, die Besucher zu empfangen, die ihm so lästig waren und die er doch nicht abweisen konnte. Sein Antlitz läßt nicht gerade die verheerende Krankheit vermuten, die damals schon an dem Mark seines Lebens fraß, um so mehr ein zweites Bild, das ihn ebenfalls in halber Figur darstellt. Während die Rechte zwischen die Deckel einer Mappe mit Zeichnungen faßt, hält die Linke die „Sanguine", den geliebten Rotstift, der in einen doppelendigen Halter eingespannt ist. Der Stich rührt von François Boucher her, der durch die Nachbildungen Watteauscher Werke zuerst bekannt wurde und dabei zugleich seine Schule durchmachte. Er sowohl wie fast alle anderen Stecher machten sich die Sache bequem, indem sie die Originale direkt, statt im Spiegelbilde auf die Platte übertrugen. Alle diese Stiche geben also die Originale von der Gegenseite, d. h. verkehrt wieder. So hat auch Watteau auf dem Originalbilde den Rötel natürlich nicht in der Linken, sondern in der Rechten gehalten.

In diesen Selbstbildnissen hat sich Watteau, der gegen andere stets galant war, keineswegs geschmeichelt. Sie stimmen durchaus mit dem Bilde überein, das sein intimster Freund Gersaint, vor dem sich Watteau gewiß am meisten gehen ließ, von dem äußeren und inneren Menschen entworfen hat: „Watteau war von mittlerem Wuchs und von schwacher Konstitution. Sein Charakter war unruhig und wechselnd; er war ganz von seinen Neigungen abhängig, ausschweifend in seinem Geiste, aber vernünftig in seiner sittlichen Lebensführung, ungeduldig, scheu, kühl und verlegen bei ersten Begegnungen, verschwiegen und zurückhaltend gegen Unbekannte, ein guter, aber schwer zu behandelnder Freund, menschenfeindlich, in seiner Kritik sogar boshaft und beißend, immer unzufrieden mit sich selbst und anderen und schwer zur Verzeihung geneigt. Er sprach wenig, aber gut, und liebte die Lektüre sehr. Sie war das einzige Vergnügen, das er sich in seinen Mußestunden verschaffte. Obwohl ohne Gelehrsamkeit, urteilte er ziemlich gesund über geistige Erzeugnisse. Das ist, soweit ich es studieren konnte, sein Bildnis nach der Natur. Ohne Zweifel machten ihm seine unaufhörliche Anspannung an die Arbeit, die zarte Empfindlichkeit seines Temperaments und die heftigen Schmerzen, von denen sein Leben durchsetzt war, die Entfaltung guter Laune schwer und waren auch die Ursache an dem Mangel von Geselligkeit, der ihn beherrschte."

In dem oben erwähnten Briefe an Herrn von Julienne erwähnt Watteau beiläufig, daß er sich des Morgens gern mit dem Rötel in „Gedanken" ergehe. Er meint damit nicht etwa freie Phantasien, sondern Studien nach Köpfen, nach Halbfiguren, nach einzelnen Gliedmaßen und Gewändern, nach Tieren u. s. w., aus dem Gedächtnis hingeschrieben oder nach der Natur gemacht, Zeichnungen, die man in der heutigen Künstlersprache „Einfälle" nennt. Von solchen Studienblättern haben wir schon einige der geistvollsten wiedergegeben. Aber sie bieten noch keine ausreichende Vorstellung von der Vielseitigkeit Watteaus, die erst in ihrem

ganzen Umfange durch die Zeichnungen klar wird, die wir in den Abbildungen 83—88 reproduzieren. Es sind Studien nach dem nackten Modell, Studien nach Händen, die Watteau besondere Schwierigkeiten machten, die er aber schließlich doch überwand, und wieder seine beliebten Kopfstudien. Die auf unserer Abbildung 88 sind nicht bloß Studien nach der Natur, darunter zwei überaus anmutige, sondern auch Fratzen und Karrikaturen, und diese Versuche in einem Watteau ganz fremden Stile berechtigen uns

so werde ich sie noch bei mir behalten, wenn Ihnen das nicht zu unangenehm ist, aus dem Grunde nämlich, weil ich sie noch nicht zu Ende gelesen habe! Der Schmerz an der linken Seite meines Kopfes hat mich seit Dienstag nicht schlafen lassen, und Mariotti (Watteaus Arzt) will mir von morgen ab ein Abführmittel geben. Er sagt, daß die jetzt herrschende große Hitze ihn nach Wunsch dabei unterstützen wird. Sie würden mir über meine Erwartung hinaus eine Genugthuung bereiten, wenn

Abb. 87. Studienblatt mit ländlichen Scenen. Nach einer Zeichnung im Besitz des Herzogs von Devonshire in Chatsworth.
(Nach einer Originalphotographie von Braun, Clément & Cie in Dornach i. E. und Paris.)

zu der Vermutung, daß sie vielleicht auf das Studium der bekannten Karrikaturen Leonardos da Vinci zurückzuführen sind. Eine Grundlage dazu bietet uns der letzte, vom 3. Mai 1721 aus Paris datierte Brief des Künstlers, den wir besitzen und der gleich dem am 3. September 1720 geschriebenen an Herrn von Julienne gerichtet ist: „Mein Herr! Ich sende Ihnen den großen ersten Band der Schrift des Leonardo da Vinci zurück und bitte Sie zu gleicher Zeit, dafür meinen aufrichtigen Dank entgegenzunehmen. Was die handschriftlichen Briefe von P. Rubens betrifft,

Sie mich nächsten Sonntag besuchen wollten. Ich werde Ihnen einige Kleinigkeiten, wie die Landschaften aus Nogent zeigen, die Sie aus dem Grunde ziemlich hoch schätzen, weil ich die Gedanken dazu in Gegenwart der Frau von Julienne fixiert habe, der ich sehr respektvoll die Hände küsse. Ich kann nicht machen, was ich will, weil die graue Kreide und der Rötel jetzt sehr hart sind und ich keine anderen bekommen kann. A. Watteau."

Wir sehen aus diesem Briefe zunächst, daß sich Watteau auch theoretisch mit seiner Kunst beschäftigte. Bei dem Werke des Leonardo da Vinci handelt es sich, wie bei den Briefen von Rubens, wahrscheinlich ebenfalls um eine Handschrift, und wenn Watteau die schwierige Schrift Leonardos wirklich hat entziffern können, so ist seine Bildung nicht so gering gewesen, wie es Gersaint behauptet. Wohin die Handschrift Leonardos, die sich im Besitze des Herrn von Julienne befand, gekommen ist, darüber wagen wir keine Vermutung. Wohl aber ist es wahrscheinlich, daß die Briefe des Antwerpener Meisters, die Herr von Julienne besaß, später zur Vermehrung des reichen Schatzes Rubensscher Briefe in der Pariser Nationalbibliothek beigetragen haben. Wiederum spricht Watteau in diesem Briefe von seinen Studien mit dem Rötel und der grauen Kreide, und endlich gedenkt er des lieblichen Dorfes an der Marne, dessen Reize ihn bald lockten, dort Heilung von seinem schweren Leiden zu suchen.

Was Watteau außer dem Firmenschild Gersaints, dem großen Jagdstück und einem später zu erwähnenden Christus am Kreuz in den letzten Jahren seines Lebens noch gemalt hat, wissen wir nicht. Vielleicht das Bild, das ihn und den musizierenden Herrn von Julienne darstellt, „Das ländliche Konzert" mit dem wiederum völlig porträtmäßig aussehenden Cellospieler im Vordergrunde, das wir nach der Radierung wiedergeben (Abb. 89), und „Die Wahrsagerin" (Abb. 90), wo die drei nach der Zukunft neugierigen Damen nicht in Phantasiekostümen, sondern in den wirklichen Trachten ihrer Zeit erscheinen. Diese drei Bilder scheinen uns wenigstens den Charakter seiner letzten Zeit zu tragen. Ebenso die nur durch den Stich bekannte „Occupation selon

Abb. 84. Studienblatt mit drei Figuren. Nach einer Zeichnung im British Museum zu London. (Nach einer Originalphotographie von Braun, Clément & Cie. in Dornach i. E. und Paris.)

l'âge", die uns einen Blick in ein einfaches bürgerliches Zimmer gewährt. Die alte Großmutter spinnt ihren Faden am Rocken. Neben ihr sitzt eine junge Frau, die an einem weiten Kleide näht, und vor ihnen sieht man zwei kleine Mädchen auf dem Boden hocken, von denen das eine im Arme ein Kätzchen hält, das von einem Bologneser angebellt wird. Im Hintergrunde ein Tisch mit einer Kanne, einer Flasche und einem Glase darauf, und darüber hängt, um die Intimität dieser anmutigen Familienscene zu vervollständigen, von der Decke ein Vogelbauer herab. Es gehört zu den seltenen

7*

Bildern Watteaus aus dem Leben seiner Zeit und zu den wenigen, deren Figuren sich in einem geschlossenen Raume bewegen. Wenn wir Gersaints Firmenschild als zwei rechnen, kennen wir nur noch ein viertes, das zugleich im gesamten Werke Watteaus einzig dasteht, das nur durch den Stich von N. de Larmessin bekannte Ceremonienbild: Watteau auf den Gedanken gekommen ist, sich auf einem Gebiete zu versuchen, das seiner Kunst völlig fremd war. Aus den Notizen Mariottis erfahren wir, daß es sich um einen Akt der Gefälligkeit handelte. Ein gewisser Antoine Dieu hatte sich die Aufgabe gestellt, eine Reihe von Kartons mit Begebenheiten aus dem Leben Ludwigs XIV.

Abb. ?. Studie nach einer nackten Frau. Nach der Zeichnung im Louvre zu Paris.
(Nach einer Originalphotographie von Braun, Clément & Cie. in Dornach i. E. und Paris.)

Ludwig XIV. verleiht das blaue Band des hl. Geistordens dem Herzog von Burgund, dem Vater Ludwigs XV. Der also Ausgezeichnete ist ein eben geborenes Kind, das von einer vornehmen Dame, vermutlich einer Prinzessin, gehalten wird. Der Hofstaat des Königs und andere Personen wohnen der feierlichen Übergabe bei, die, wenn auch in anderer Form, unmittelbar nach der Geburt des kleinen Prinzen im Jahre 1682 stattgefunden hat. Man fragt sich, wie zu malen, die als Vorlagen für Gobelins dienen sollten. Er hatte Watteau gebeten, ihm für eine dieser Begebenheiten eine Skizze anzufertigen, die Antoine Dieu auch mit gewissen Veränderungen zu einem Karton benutzt hat, der jedoch nicht zur Ausführung gekommen ist. So entstand das einzige Werk, in dem nicht eine Spur von Watteau zu erkennen ist, ein steifes, gespreiztes, kaltes Paradestück, in dem nicht ein Funke von Geist und Witz lebt. Und doch hat Gersaint in seiner Biographie des Meisters sein Bedauern ausgesprochen, daß dieser sich nicht dem historischen Genre gewidmet hätte; er wäre dann vermutlich einer der größten Maler Frankreichs geworden!

Außer dem Brief an Herrn von Julienne vom 3. Mai 1721 haben wir nur noch wenige Nachrichten über die letzten Monate, die Watteau noch zu leben vergönnt waren.

eine junge Dame in halber Figur darstellt, die, eine galante Anspielung auf den Namen Rosalba, in ihrem vorn zusammengerafften Überwurfe frisch gepflückte Rosen trägt. Auch sonst ist Watteau bei diesem Bildnis, wenn es wirklich die venetianische Pastellmalerin darstellt, sehr galant gewesen, da die damals sechsundvierzigjährige Künstlerin kaum noch so verführerische jugendliche Reize besessen haben kann. Als sein Leiden sich

Abb. 86. Studie nach einem nackten Manne. Nach einer Zeichnung im Louvre zu Paris.
(Nach einer Originalphotographie von Braun, Clément & Cie. in Dornach i. E. und Paris.)

Am 9. Februar schreibt Rosalba Carriera in ihr Tagebuch, daß sie Herrn Watteau besucht, und am 11. Februar, daß sie sein Pastellbildnis begonnen habe, das Pierre Crozat bei ihr bestellt hatte. Es wäre von höchstem Interesse gewesen, wenn sich dieses Bild der Venetianerin erhalten hätte, der Watteau eine höhere Bewunderung entgegenbrachte, als sie ihr die Nachwelt zollen kann. Dagegen scheint sich ein von Watteau gemaltes Porträt der Carriera in einem Stich von Liotard erhalten zu haben, das

immer mehr verschlimmerte und die zunehmende Hitze ihm das Leben in Paris unbehaglich machte, sehnte er sich nach einem ruhigen Landaufenthalt. Auf die Vermittelung seines Freundes, des Abbé Haranger von St. Germain l'Auxerrois, wies ihm der Generalintendant des Königs Le Fèbvre eine Wohnung in seinem Landhause in Nogent sur Marne, jenem Dorfe bei Vincennes an, wo Watteau schon früher landschaftliche Studien gemacht hatte. Aber trotzdem daß er auch hier noch seine künstlerische Thätig zeit fortsetzte, plagte ihn eine beständige Unruhe, das Anzeichen seines nahen Endes. Er wollte nach seiner Heimat zurückkehren, in der Hoffnung, dort Genesung zu finden, und er beauftragte den treuen Freund Gersaint, seine gesamte Habe zu veräußern. Das brachte ihm noch etwa 3000 Franken ein, so daß sein ganzes Vermögen, einschließlich der ihm von Julienne geretteten 6000 Franken, 9000 Franken betrug, die nach seinem Tode den Verwandten in Valenciennes ausgehändigt wurden.

Pater war der Sohn eines Bildhauers aus Valenciennes, dessen von Watteau gemaltes Bildnis sich jetzt im dortigen Museum befindet. Watteau scheint es gemalt zu haben, als der alte Pater seinen Sohn zu ihm nach Paris in die Lehre brachte. Kurz vor seinem Tode überkam Watteau die Empfindung, als ob er dem jungen Manne Unrecht gethan hätte. Er ließ ihn deshalb nach Nogent kommen und holte das Versäumte nach, indem er ihm beibrachte, soviel er selbst konnte. Pater genoß diesen Unter-

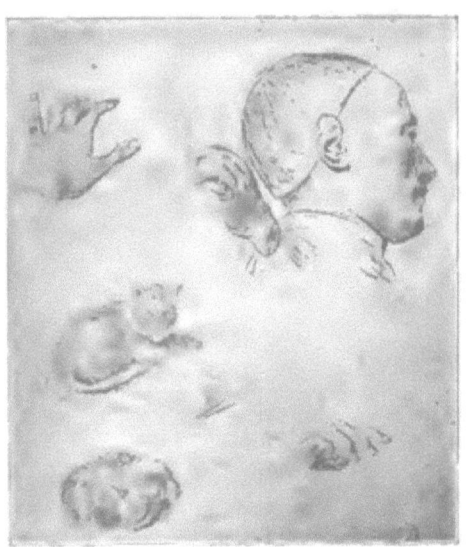

Abb. 87. Studienblatt mit einem Chinesenkopf. Nach einer Zeichnung im Louvre zu Paris. (Nach einer Originalphotographie von Braun, Clément & Co. in Dornach i. E. und Paris.)

Noch fand er die Zeit, zwei gute Werke zu thun. Für die Dorfkirche in Nogent malte er, um dem ihm befreundeten Pfarrer einen Dienst zu erweisen, einen Christus am Kreuz. Das Bild ist verschollen; wir erfahren darüber nur etwas durch den Grafen Caylus, der sein Urteil in folgende Worte zusammenfaßt: „Wenn dieses Stück nicht den Adel und die Eleganz besitzt, die ein solcher Gegenstand erfordert, so hat es wenigstens den Ausdruck des Schmerzes und des Leidens, den der Kranke empfand, der es malte." Das andere gute Werk that Watteau an seinem früheren Schüler Pater, mit dem er sich vor Jahren entzweit hatte.

richt aber nur noch einen Monat. Am 18. Juli 1721 verschied Watteau in den Armen Gersaints, der die letzten Tage an seinem Krankenlager zugebracht hatte. Vorher verbrannte er noch einige seiner Zeichnungen, die ihm zu frei vorkamen. Die große Menge der übrigen verteilte er unter seine Freunde Julienne, Gersaint, Haranger und einen gewissen Hénin. Noch in seiner Todesstunde war sein Schönheitssinn lebendig. Als ihm der Geistliche nach Spendung der letzten Wegzehrung ein häßliches Kruzifix zum Küssen reichte, soll er ausgerufen haben: „Nehmt es fort — wie ist es möglich, daß man meinen Herrn Jesus so behandeln konnte!"

Von dem Tode dieses einsamen Mannes hat man in Paris nur wenig Notiz genommen. Watteaus Freund, Antoine de la Roque, widmete ihm einen kleinen, warm empfundenen Nachruf in dem von ihm herausgegebenen „Merkur", und Pierre Crozat schrieb am 11. August an Rosalba Carriera,

Es hat eine Zeit gegeben, wo auch die übrige Welt dieselbe Gleichgültigkeit gegen Watteau empfand, wie die Akademie gegen den Tod ihres genialsten Mitgliedes. Schon Friedrich der Große hat in den vierziger, fünfziger und sechziger Jahren seines Jahrhunderts Bilder Watteaus für 3—500 Thaler

Abb. 58. Studienblatt mit Köpfen. Nach einer Zeichnung im Museum zu Lille.
(Nach einer Originalphotographie von Braun, Clément & Cie. in Dornach i. E. und Paris.)

die sich damals in Venedig aufhielt: „Wir haben den armen Herrn Watteau verloren. Er hat seine Tage, den Pinsel in der Hand, beschlossen." Im Protokoll der Akademie vom 26. Juli 1721 liest man nur die trockenen Worte: „Der Tod des Herrn Antoine Watteau, Maler, Mitglied der Akademie, ist angezeigt worden."

gekauft, und es scheint, daß er dabei noch bisweilen durch Zwischenhändler übervorteilt worden ist. Watteaus Schüler, Lancret und Pater, besonders aber sein Nachahmer François Boucher, hatten seine Kunst in Mißkredit gebracht. Lancret war ein Manierist, der durch die Schlüpfrigkeit seiner Darstellungen zu ersetzen suchte, was ihm an Gründlichkeit des Naturstudiums abging.

Pater war viel derber und roher als Watteau. Als geborener Flame liebte er einen handgreiflichen Humor, und ohne grobe Späße geht es auf seinen Bildern selten ab. publikanischen Maler unter der Führung Davids; aber es waren damit auch Watteau, Lancret, Pater und die anderen Vertreter des galanten Genres gemeint. Während der

Abb. 89. Das ländliche Konzert. Nach einer Radierung.

Boucher war vollends die Verkörperung der Frivolität und Sittenlosigkeit, die für die Zeit der Herrschaft der Marquise von Pompadour bezeichnend sind. Gegen ihn richtete sich vornehmlich die Zerstörungswut der republikanischen ersten Revolution, während des ersten Kaiserreichs und der Restauration hatten Watteaus Gemälde überhaupt keinen Marktpreis mehr, weil sie unverkäuflich waren. Das französische Urteil fand natürlich seinen Klavifchen Widerhall in Deutfchland. Im Jahre 1805 fchrieb Fiorillo in feiner „Gefchichte der zeichnenden Künfte": „Zur Ehre der Pater und Lancret hinterließ, bald in ihr Nichts zurückfanken." Und noch fchärfer äußert fich der Schweizer Füßli, der 1816 am Ende

Abb. 90. Die Wahrfagerin. Nach einer Radierung.

franzöfifchen Nation müffen wir geftehen, daß fich diefer Gefchmack (für Bilder Watteans) nach der Mitte des 18. Jahrhunderts verlor, und daß die noch fchlechteren Nachahmer, welche Watteau in der Perfon von einer Befchreibung der nach Watteaus Gemälden und Zeichnungen geftochenen Blätter fein Urteil dahin zufammenfaßte: „Wir fchließen mit der Bemerkung, daß diefer Kram immerhin das große Intereffe hat, den französischen Geist des Jahrhunderts Ludwigs XV. jämmerlich zu Andenkens schädeltreffend zu kennzeichnen."

Man sieht daraus, daß der schweizerische Republikaner über seinem Hasse gegen Ludwig XV., mit dem Watteau ganz und gar nichts zu thun hatte, seinen Geschmack und seine Urteilskraft verloren hat. Künstlerische Erzeugnisse sind wohl aus der Zeit ihrer Entstehung heraus zu erklären, aber sie sind nicht nach den Anschauungen von Politikern zu beurteilen, die mit den vorgefaßten Meinungen ihrer Zeit an sie herantreten. Als die romantische Kunstströmung in Frankreich auftrat und immer mehr Anhänger fand, kam auch Watteau wieder allmählich zu Ehren, und heute hat er, unabhängig von den Schwankungen des Kunstmarktes, seinen festen Platz in der Kunstgeschichte. Seine Bilder geringerer Qualität — die Meisterwerke bleiben in festen Händen — werden auf den Auktionen in Paris und London mit 30—70000 Franken bezahlt, das sind Summen, die der arme Watteau sein ganzes Leben hindurch nicht zusammengebracht hat. Eines seiner besten Bilder, „Die Tonleiter der Liebe" (La gamme d'amour) erzielte vor zwei Jahren auf einer Versteigerung in London sogar 73000 Mark. Wenn auch wieder eine Zeit kommen wird, wo diese Werte sinken werden, kann niemals wieder ein Irrtum über seine Bedeutung aufkommen. Er ist einer von den großen Künstlern, die den geistigen und sittlichen Inhalt ihrer Zeit erschöpft und in größter Vielseitigkeit gestaltet haben. Sein Name bedeutet, wenn auch nicht ein ganzes Jahrhundert, so doch den dritten Teil davon, und in einem kurzen Leben soviel gewesen zu sein, ist ein Ruhm, den Watteau nur mit Raffael teilt, der in gleichem Alter ins Grab sank.